しゃべり尽くそう！ 私たちの新フェミニズム

望月衣塑子
東京新聞

伊藤詩織
ジャーナリスト

三浦まり
上智大学

平井美津子
公立中学校教諭

猿田佐世
新外交イニシアティブ（ND）代表

梨の木舎

目次

言葉にできない苦しみを、伝えていくということ

ジャーナリスト　伊藤詩織 & 東京新聞　望月衣塑子

「先生、政治活動って悪いことなん?」子どもたちは、自分で考えはじめている
——「慰安婦」問題を教え続けて

公立中学校教諭 平井美津子&望月衣塑子

言葉にできない苦しみを、伝えていくということ

ジャーナリスト 伊藤詩織
&
東京新聞 望月衣塑子

伊藤詩織　　望月衣塑子

自殺した娘の部屋にたたずむ父親の姿が写されていました

望月　詩織さんは、ご自身が性暴力被害に遭ったことを告発し、声をあげ、著書『Black Box』（文藝春秋　2017年）も書かれています。日本では、性犯罪被害に遭った人たちが、相手を告発できないというのが、今も社会の空気としてあると思います。しかも、詩織さんの場合は、加害者が安倍総理とつながっているといわれる山口敬之氏でもあった。これは相当な覚悟だったと思います。

自身が名乗り出ようと思われた動機の1つとして、「世界報道写真展」で性暴力被害をテーマにされた写真を見たことを話されていましたね。詩織さんは海外での生活経験も長いですが、それも影響しているのでしょうか。

詩織　ちょうどこの件で不起訴の結果が出た後、事件から1年ちょっとたったころ、「世界報道写真展2016」が開催され、そこでMary F. Calvertというフォトジャーナリストの作品を目にしました。性暴力被害者や、その家族を追いかけたドキュメンタリーです。

レイプや性暴力の問題は昔からあり、目新しいニュースでもなく、また日本のメディアではほとんどニュースにならないですね。報道されない、言葉も出ない。それが世界報道写真展で選ばれた。やっぱりこれは根深く、悲しい、どこでもある話なのだけれども語られなくてはいけないものなのだという思いを強くしました。Newではないけれども、性暴力被害者という聞こえずらかった声へ耳を傾けなくてはいけない問題だなと。

写真展では、レイプ被害を受けて自殺した娘の部屋にたたずむ父親の姿なども写されていました。性暴力の問題で一番難しいのは、被害者がどれほどの傷を負うのか、目に見えるものではないということです。事件は1回かもしれないけれども、その後に本人や家族が負う傷は、ずっと続くものだとわかる。可視化されない、話されないところで、支援がおくれる、気づかれないという問題を、写真で明らかにしているんですね。伝えること、報道の大切さが、心に残りました。

それで、私自身、もう自分の人生をあきらめていたところだったけれども、あきらめるんだったら、全部やりきってからにしようと思ったんです。

海外経験も大きかったとは思うけれども、やはり自分の中で強く思ったことは、報道の可能性と壁です。これがずっと、何かしらの原動力になっていましたね。

よく耳にするのが、自分の被害を打ち明け、助けを求めたりしたら、加害者が勤務先の人だった場合、その先自分の会社で働けないのではないか、働けなくなったら生活はどうなるのか。という声です。自分の属している社会。そのなかで私たちは生きているわけだから、そこで生きていけなくなったらと考えたら、助けを求めたり、ましてや異議を唱えるということは、そりゃできないよなと思います。

望月　日本で、いろいろな意味で注目されて、しんどいようなときもありますか。

詩織　そうですね、私の思い込みかもしれないけれども、時々、周囲でおかしいなと思うことがあったり、つけられていたり、写真を撮られたりということがありました。ネットでもプライベートなこと、家族のことなどが事実でないことも含めたくさん書かれて、外に出られなくなりました。私はいいのですが、友だちや家族を巻き込みたくはありません。中傷だけでなく、脅迫のようなものも多くありました。

望月　メールなどで脅迫が来たりするのですか。

詩織　そうですね。ツイッターなどSNS経由のものが多かったですね。

望月　送信元はわからないんですね。

詩織　ほとんどわかりません。しかしこのような誹謗中傷や脅迫よりも私が気になったのは、女性からのもので、「同じ女性として恥ずかしい。女性としてたしなみが足りない」とか、「事実であっても男性がかわいそう」という意見でした。それについては、もう少し深く意見を聞かせてほしいと思い、連絡をしてみたのですが、返答は帰ってきません。

日本の中にある閉塞感を感じますか

望月　繰り返し、繰り返し、何度もこのことを問いかけられるのは結構しんどいことだと思います。日本の中の閉塞感というか、声を挙げた人に対するバッシングは感じますか。

詩織　そうですね、でも、ジャーナリストとして真実に向き合おうという気持が強かったので、私はどこか自分の中で第三者として発信することに専念していました。それは自然と自分を守る行為だったんだと思います。最近、取材の流れでたまたま、当時、被害に遭ったホテルに行って、パニックアタックが出たんですよね。その後回復するのに時間がかかり、自分の体の反応に驚いてしまいました。

それまで、ずっと怒濤の中にいました。伝えることに集中していて、きちんと自分のケアをしていなかったんです。「普通だったらこの傷は長い時間をかけてかけて乗り越えるもの」などとよく言われたりしますが、私はこの経験は「乗り越える」ものではなく、何年立っても忘れることができないもの。一緒に生きていかなければいけないものだと思っています。

これからは自分で話し続けることと同時に、どうバトンを渡していくか。私だけが話すのではなく、それをみんなでどう語り合っていくかが課題だなと思っています。

最近、仲間と始めたのは、#MeToo に続く、#WeToo というアクションです。#MeToo は日本ではなかなか広がらなかったけれども、#WeToo、「私たちで」ならばもっとできるんじゃないかと。

望月　同じように傷ついて、でもなんとか社会を変えていこうという人たちと連帯して何かやるということですか。

詩織　性暴力、パワハラ、セクハラは、全部重なっているんですよね、私たちは、すべての暴力に対してノーといおうと思います。重要なのは、傍聴者にならないことですね。先日、はあちゅうさんとお話をさせていただいて、彼女がすごく傷ついた1つのことは、周りで見ていた人、知っていた人がいるのに、助けてくれなかったことだといっていました。

望月　私も官邸会見などのときに感じますが、日本は、周囲で同調しやすくて、場の空気を読む。一本だけ出てきたような釘に対しては、「どうしようかな」と、どこか線を引いて、その人を眺め回しているような感じがあります。今のことを、黙っていちゃいけないという思いをもっとみんなで共有して、暴力に対する反対を表明する空気があったらと思いますね。本当は思っていてもカミングアウトする勇気を持てないような気がします。その中でも、はあちゅうさんのような人が出てきたりしていますね。国会でも、じわじわとこの問題が、少しずつ広がっていく感じですかね。

国連では、レイプクライシスセンターを人口20万人に1つ設置すべきだといっています

詩織　私が生まれた1989年は、「セクハラ」という言葉が流行語大賞になった年です。それから約30年たって、やっと少しずつセクハラという概念が認識されるようになってきましたね。

性暴力に関しては、以前に男女共同参画局推進課の暴力対策推進室、室長とお話をしたことがあります。性暴力被害者支援については、私が取材をしたイギリスやスウェーデンと、日本では大きく違うので、今後どういうはたらきかけをするのかということを質問したのですね。そのときに初めて知ったのですが、性暴力被害に対する交付金は、これまで日本では一切なかったのですが、2018年度からやっと1億6300万円計上されたということです。日本の人口の約半分のイギリスはこの20倍近くの交付金を出しています。国連では、レイプクライシスセンターを人口20万人に1つ設置すべきだといっていますが、日本ではいまだに全都道府県に設置されていない状況です。

私は、東京で唯一24時間のホットラインを持っている「性暴力救援センター・東京(Sexua Assault Relief Center Tokyo: SARC東京、https://sarc-tokyo.org/)」[*]に被害直後、電話したことがあります。現場は一生懸命頑張っているのですが、当時は常勤スタッフが1名と東京をカバーするには到底足りない人手でした。

2015年のデータではレイプ被害者のたった4パーセント強しか警察に被害を届け出していません。報告されていない案件が多く、日本ではこのようなことは起きていないと思われているのです。でも、起きていないのではなくて、声をあげられない。声が聞こえない為、他国と比べ支援が足りていない現状です。

スウェーデンはレイプ大国といわれていますが、それは声を挙げやすいから、数がカウントできるからなのですね。

望月 「そんなに困っている人はいないじゃない、だからお金もいらないでしょう」みたいなことにされてしまっていますね。

詩織 イギリスの警察の方ともお話しをしましたが、イギリスで捜査のやり方や法律が変わったのも、最近だそうです。やはり政府は、そんなところにお金はやらなくていい、起こっていないという姿勢だった。でも実際に、被害が起こったときに、その1人の人生がどれだけ変わって、どれだけ長期的、医療的にケアが必要かと考えるとコストがかかるということを、きちんと数値化して伝えていくことで変わっていったそうです。

＊SARC東京（Sexual Assault Relief Center Tokyo 24時間ホットライン 03-5607-0799）性暴力・性犯罪の被害相談を24時間365日受付けている。被害者によりそい、必要な支援を一つの場所で行うワンストップセンター。https://sarc-tokyo.org/

2017年にデートレイプドラッグについての通達が出ました

望月　そうやって、詩織さんが、内閣府男女共同参画室などで話をすることで、変わっていくこともあったのでしょうか。

詩織　内閣府ではデートレイプドラッグの啓発のキャンペーンも始めていて、私が伺ったときには、そのことについて話し合いをすることもできました。警察内でも、デートレイプドラッグについての通達が2017年12月に出ましたね。記憶がないといっている方など、当てはまる症状があったらデートレイプを疑い、検査をするようにということが、周知されたようです。

望月　ワンストップセンターや支援者センターのような施設をはじめ、支援の拡充について、変わっていくという動きは出てきていますか。

詩織　内閣府としては、一応、2010年までに全都道府県にワンストップセンターをつくるとは聞いています。でも、ただつくればいいというものではなくて、そこでの活動がよりきめ細かいものになる必要がありますね。

東京都でも、唯一24時間やっているSARC東京には、2017年の時点では2人しか常勤スタッフの方がいませんでした。

場所は非公開なのですが、アクセスがよいところとはいえません。行ってすぐに証拠採取ができる場所、スウェーデンのストックホルムにあるような病院拠点型をつくらなくてはいけないなと思います。

ロンドン警察の取り組みは参考になります

詩織　あとは捜査のやり方についても、すごく疑問を感じます。今、ロンドン警察の方々のレクチャーなどから、勉強させていただいています。

望月　被害者へのケアを含めたレクチャーですか。

詩織　そうですね。ロンドンでの性犯罪被害者を扱う警察官の取り組みは参考になります。まず、話を聞く人と、現場の捜査員とは分けるんですよね。直接、捜査員からの質問が来ないことで、傷つかない、負担を少なくする仕組みです。

被害者にはトラウマになることを何度も聞かないということで、聞き取りは極力3回まで。1回目におおまかなことを聞き事件を受理し、2回目はビデオ証言をとります。3度目は、裁判ですが、どうしても自分が言えないときは2回目のビデオを使います。

私は日本の警察で、同じ話を何度も、何時間も、何カ月にも渡ってしなければなりませんでした。

望月　ロンドン警察の場合は、話すことで、傷つくしんどさもわかった上での制度設計になっているということですよね。

詩織　そうですね。ＰＴＳＤ、トラウマなど精神的な負担について理解があります。日本で行われている、「再現」のことについてお話ししたりすると、ものすごく驚かれます。どういうことなんだと。

望月 人形を使って行う現場の「再現」ですね。まだそんなことをやっている署があるのかといって、怒っている弁護士の方たちもいましたね。

詩織 交通事故にあって足の骨が折れたりしたとき、「再現」をしなさいなんて、絶対にいわないですよね。それと同じです。性暴力被害については、受けた傷は、表面的には見えないかもしれないけれど、精神的な衝撃や傷は多大なものです。それを思い出して「再現」をやりなさいというわけです。やっぱりまったく理解がされていないと思いますね。

今回のように、デートレイプドラッグに関する通達が出ることはよいことだけれども、それが本当に現場レベルまで伝わっているかというと、そうでもないようです。この間、ある支援員の方にお話を聞いたのですが、警察に被害者の方と行って、ドラッグを使った性暴力の疑いがあるから検査をしてほしいといったら、その必要はないといわれたそうです。その人はたまたま、この通達をかばんに入れていたので、それを渡したら、警察官が慌てて、「こんなものがあるんですか…」と。それでやっと検査をしてくれたということですね。

どうしたら現場レベルまできちんと伝えられるのかということです。

望月 ガイドラインを、まず行政が作って周知させることが必要ですね。

メディアと権力が一体化している日本を象徴しています

詩織 すごく残念なのは、山口氏の逮捕が見送られた理由について、警視庁にも警察庁にも質問したんですけど、「おこたえできない」といわれたことですね。

望月 逮捕できないだけの理由をきっちり説明してもらわないと、やっぱり納得がいかないという思いは残っていますか。

詩織 私の件で、そうだったのであれば、過去にも似たようなことはあったでしょう。きちんと理由、どういう経緯だったのか、をうかがわない限り、今後も同じことが起こってしまう可能性があると疑ってしまいます。

望月 本当に適正な捜査と判断だったのか、どうしても疑いが晴れないですね。

詩織 警察や内閣府の動きなど、変わってきているところはたくさんあると思います。でも、やっぱり無視してはいけないことはあります。被害者にとっては、司法の判断についての理由等もきっちり、それなりの理由を説明してほしいですよね。

望月 私は、この件についてはメディアの問題を考えてしまいます。詩織さんの問題は、記者クラブを通じての大手メディアにはほとんど出なくて、どちらかというと、ネットとか、海外のジャーナリズムにはどんどん取り上げられていますね。おかしいものをおかしいといえなくなっている私たちマス・メディア、特に記者クラブに属しているメディアの責任を非常に考えさせられました。結局、これは性犯罪被害の問題に加えて、メディアと権力が一体化してしまっている日本というのを、象徴しているなと思います。

加害者は、自分が罪を犯しているという意識が非常に低いといわれています

望月　パワハラやセクハラについては、加害者側の意識を変えていくことも大切ですね。これは結構、根深いものがあって、人の上に立ちたい欲求とか、差別意識とも通じるものがあるんですね。性犯罪を犯す人には、自分が罪を犯しているという意識が非常に低いといわれていて、それには驚きます。

詩織　加害者からきちんと話を聞かなければいけないですね。そうしないと、何がそうさせたのかがわからない。去年から、私も、加害者側の取材を少しずつ始めているんです。

望月　加害者側のインタビューをやっているということですか。

詩織　加害者や、加害者に対するケアを行う立場の人たちです。

望月　取材する中で、加害者が性暴力やセクハラに至る要因として、何かわかってくることはありますか。

詩織　ケースバイケースですが、やはり彼ら自身が暴力を受けた経験を持っていることもありますね。家族内、あるいは男性的な組織内、自衛隊や警察内というのも聞きます。組織が、

そういうことをいえないような構造になっている。

犯罪を犯した後、前に進めている人は、自分のやったことについて、きちんと向き合えた人ですね。

ケアというのもすごく難しいと聞きます。しかし犯罪者は社会から疎外することも、切り離すこともできない、社会に戻ってくる存在だから、彼らの声をきちんと聞かなければ、よくはならないという考え方です。

望月　受け入れるということですね。そして更生して、変わっていく人もいる。

詩織　被害を起こした背景について考える必要もあります。職場や回りの人たちに話を聞くことも、大切なことだと思います。

望月　加害者、男性側の意識を変えるのも、やはり声をあげていくということに尽きる。そういう意味でも詩織さんが世界や日本の、私もはじめ、沈黙してきた女性たちに与えた勇気はとてつもなく大きかったと思います。誹謗中傷ふくめて、人間の悲しく卑しい部分もたくさん見せられたけれども、希望が持てたという面も、感じていますか?

詩織　そうですね。２０１７年の前半とは大きな違いです。会見後、身の危険を感じ、精神的に追い詰められ、何かあったときのために遺書を書いたこともありました。今は少しづつですが、確実に日本も前進していることを実感できて嬉しいです。

日本の法律を見ていると「貞操」が全面に出されています

詩織　日本の法律を見ていると、「貞操」が前面に出されています。個人の尊厳よりは公益が優先、女性はオブジェクト、モノとして扱われています。性暴力や、それが与える影響について、理解することがまず必要だと思います。

この間、事件の起きたシェラトン都ホテルに行った時に気づいたことがあるんです。自分はこれまで、ずっと伝える側で「何とかやっていた」。けれども、「何とかやっている」ことを見せてはいけないのではないかということです。

本当はすごく苦しいのに、私がこうしていると、一体、性暴力被害とはどういうことなのか伝わらないのではないか。もしかして、自分は、自分が思ったのとは違ったメッセージを出してしまっているかもしれない。でも私にとっては、こうして発信していくことが、いってみれば唯一生きてこられるチケットでもあったと。

普通だったらこんなことはできない。私は、伝えることでこの状況を変えようと思い、それを生きがいにできているから、何とか動いてきた。でも、これは本当の姿ではない。そこをきちんと理解してもらえないとこの問題は伝わらない。だから、しっかり説明させてくださいといって、先日撮影されたドキュメンタリーの中でも説明してもらえるようにお話しました。

自分の受けた被害に関連した取材をしたり、ほかの人の経験を聞く作業というのは、ものすごく大変なのですね。次の日に寝込むこともあるのです。そういうことも含めて伝えないと、それがどういった被害なのかがわからない。周囲の支援者などとも話をして、それは絶対にスキップしてはいけないことなのだとわかりました。

見えない被害について、可視化することがとても重要です。それをいかに私たちの仕事として伝えていけるのかが、この問題の一番の鍵だなと思います。

自分の後に続く世代のために、告発に踏み切ったのではないかと受け止めました

望月　被害者であり、ジャーナリストだから、きつい。だけど、こもっていてはいけないという思いですね。何か使命感があるし、やっぱりジャーナリストって、今よりもう一歩、もう二歩と、少しでも変えたいと思っている、そうでないといけない。

普通は大体、「これが問題だ、何とか変えねばならない」と書けばいいのだけれども、詩織さんはジャーナリストでありながら、自分のことを、実体験として伝えていく。これは、とてもきつい作業だと思うんですね。被害者の言葉を聞いて、自分で咀嚼してからアウトプットするのと、自分自身が当事者として伝えていくのとでは違う。ジャーナリストであり、告発者であり、表現者を、同時にやっている。

何が詩織さんにここまでのことをさせたのかなと思いました。このまま立ち止まっていたらいけない、自分ごとだけじゃない、自分の後に続く世代のために、声を出そうと、告発に踏み切ったのではないかと受け止めました。

詩織さんを見ている多くの人は、私をはじめ「この人は、何かを変えようとしている」と真剣さに心を打たれたのだと思います。それはとてつもない勇気だし、マイナスのリスクを負っても、それさえ乗り越えてやっていくという強い意志がないとやれないですよね。いろいろなことを考え過ぎても、行動する勇気というのは、なかなか出てきません。

詩織　すごく悩みました。ジャーナリストという仕事で、自分の話をするなんて、あり得ないじゃないですか。第三者の声で、第三者の目から見てもらって、この問題を考えていきたかった。でも、それがどういう形でもできなかったから、自分自身でやるしかしようがなかったんですね。

本名を明かし、自分の声で伝えたときの反応は違いましたか

望月　初め、『週刊新潮』にこの事件の記事がぽんと出ましたね。そのときと、その後本名を明かし、自分の声で伝えたときの反応は違いましたか。

詩織　全然違いましたね。『週刊新潮』で報じられる前からも、日本テレビから取材を受けたり、東京新聞に相談したり、いろいろなところで、どうしたら第三者目線でこのことを伝え

られるかと考えてきました。ロイター通信にも聞いてみましたが、うちで働いている人のことは話せない、やっぱり第三者にはなれないといわれました。今でも、一体、このことについて、どこまで伝えられるのだろうかという疑問はあります。

第三者として伝えたいという思いの中には、当事者としての自分から少し離れておきたいという気持もあるのかもしれません。自分にあてはまるかどうかわかりませんけれども、よく、家庭内暴力や性暴力を受けた子どもが、その内容を話すときに、友達の話をするみたいに話すことがあるらしいのですね。自分を当事者としてそのまま向き合うのはきつい。私の中にも、きっとそういう気持が、どこかにあるんだろうなとは思います。

取材先で酒をつぐのは当たり前って、そもそもおかしい

望月　詩織さんが発信したことで、はあちゅうさん初め、私の後輩でも何人かは、自分が経験したことを、匿名ですけれども、ほかの出版者などに話したりしていました。パワハラ、セクハラで、同じようなことはマスコミ業界には多いんです。でも、私たち世代はそれに耐えて、とりあえず我慢しておこうかみたいなところで終わっていた。詩織さんが、そんな社会はだめでしょうといってくれた気がするわけですね。

同じようなことで苦しんでいる今の若い子たちも、詩織さんを見て、「先輩、これで泣き寝入りしちゃいけませんよね」といいます。私も、自分がそうだった分、声をあげようとし

ている後輩の子たちを、支えていかなきゃなと思いますね。

その上で、じゃあどこと闘っていくのか。昔ながらのマスコミ業界の考え方は依然としてあります。おじさんたちの、「こんなもんだろう」、「このぐらいのセリフは普通だ」とか、「座ったら、女性はお茶くみをするもんだ」とか「幹部の横で酒をつぐもんだ」とか。それもやっぱりおかしいでしょう、そういう身近な周りの空気から変えていかないと駄目です。女性が取材先に行ったら酒をつぐのは当たり前みたいな空気は、そもそもおかしい。

詩織さんがこうした活動を、記者、ジャーナリストの立場でやっているということもすごく大きいですね。マスコミ業界の、「セクハラ、パワハラは当然」のような空気、男社会の中で女は少数という中でも、それじゃいけないんだなという意識が伝わってきます。

電通の社員だった高橋まつりさんという女性がいましたね。彼女は長時間労働を強いられてパワハラを受け続けて自殺しています。彼女の場合は、亡くなったことで世間にこの事実を残した。その苦しさはありますけれども、彼女が伝えたことは大きかったですよね。

あの後に、ＮＨＫの30代の女性記者が心不全で亡くなったという報道もありました。過労死と言うことでしたが、何のために働くのか、会社は働かせるのかという疑問を、大きく世間に投げかけた出来事でしたね。

詩織　高橋まつりさんからも、いろいろなものを受け取りました。本名とご自身の写真で、家族が話すこと。被害者Ａではなくて、家族がいて、名前がある、こういう人生があったと表明することで、私たちの受け取り方は違うと思います。

「わたしは詩織さんの本を読んで、自分の好きなことをやることにしました」

詩織　わたしの報道を見聞きした人からは、いろいろな人からメッセージをいただきますが、いただいたお手紙などを読むと、世代的には年輩の方が多いですね。お子さんを持っている方もいます。大学生もいました。最初は意外と男性が多かったですね。

男性のほうは、性暴力という問題ではなくて、この社会で声を上げることや、この社会の理不尽さというスタンスが多いですね。あとは時系列で、花田紀凱と私の記事を読み比べたりしている人がいました。

望月　ネット上では、武田砂鉄さんなどが、月刊「ＨＡＮＡＤＡ」に掲載された、山口氏の記事の論点の矛盾を突くなど、詳しく分析をしていましたね。

詩織　私に届いた一番うれしい手紙は、性暴力だけでなく、今、自分の生きている人生で何ができるかと、アクションをおこす人がいることですね。例えば、医学部に通っている女子学生が、本当は音楽がすごく好きで、やりたいと思っていて、「私は詩織さんの本を読んで、自分の好きなことをやることにしました」と書いてくれたりします。性暴力の事件とは関係ないことだけれど、何か自分にできることで、自分に素直になって、自分の人生を生きようというのが、すごくうれしくて。

ほかにも、お母さんが、息子と一緒にこの事件について話してくれて、その息子さんの先生も学校で話してくれて、本が出たときに一緒に読んで語り合ったというエピソードもありました。性の話は、家庭ではなかなかできないと思うんですけれども、それを母親と息子の間で考えるというのは、すごくいいですね。

望月　息子への教育ですね。男性の側にたった考え方でなく、「もしあなたが一歩踏み間違えたら、こういうふうに他人を傷つけるんだよ」ということを伝えられるかもしれませんね。

何がセクシャルハラスメントになるか、わかりやすいガイドラインが必要です

詩織　この間、あるミーティングで会った学生、女の子ですが、自分の好きな男性が性暴力事件を起こしてしまったと。けれど、みんなで話し合うことのできる場に彼がいたら、彼の考えは違っていたのではないかと話していました。

私も、きのう、男友だちからセクハラで訴えられたと打ち明けられたんですね。彼のいいわけはいろいろあるんです。彼とは以前からの友だちだけど、この# Me Too のことを含め、今までいろいろなことで意見の食い違いがありました。彼は、女性が声をあげることで、自分の性が制限されるというようなことをいっていたんですね。だから、今までも何度かお互

いの考えについて話し合ったことがありました。
何でもオープンに話していたつもりだけど、彼がセクハラで訴えられたと聞いたときに、やはり話し合っていただけでは足りなかったんだと思いました。何がセクシュアルハラスメントになるのか、わかりやすいガイドライン、教育が必要です。ネットやさまざまなメディアには性のコンテンツがあふれていますね。ポルノも、ものすごく暴力的なものばかりです。こんなこと普通にいったら暴力だよね、おかしいよねと、本当は話されなければいけないのに、話されないままでいるのは怖いなと思う。友だちの間でも、家庭でも、気のしれる人でも、話せる状況がすごく必要です。

望月 その友人は、以前から何となく危ないなというところはあったんですか。

詩織 そうですね。時々、女性蔑視的な発言をするので、「そんなことをいっていたら、いつか訴えられるかもよ」といったこともありました。彼は、#Me Too のアクションや、私が性暴力について声をあげていることにはサポートしてくれたけれど、「君がこういう活動をしているから、周りの人までセクハラについて話をし始めた」ということをいわれたこともありました。「自分は普通の会話だと思って話したことも、女性が違って捉える。今度からは女性たちみんなが叫ぶようになって、普通に生活ができなくなる」といわれたことがあるんですね。「君のやっていることは尊敬するけど……」と。でも、女性たちにとってはやっと声をあげてもいい環境になった。今までは声が聞かれてこなかった、聞こえてこなかっただけ。この素晴らしい変化は未然にセクハラや性暴力を防ぐためにもとてもいい兆しだと思います。

望月　「普通にいられなくなる」と。

「たしなみ」の問題ではなく、暴力の話なのです

詩織　先ほど、被害を受けた私をせめるようなメールを送ってくる女性たちがいたことを話しましたよね。私に「たしなみが足りない」とか、「同じ性として恥ずかしい」、「あなたがいっていることが本当でも相手がかわいそうだ」というようなことをいろいろおっしゃった方がいたんです。その方からはもっとお話を聞きたくて、今、連絡しようともしているんですけれども、なかなかつながりずらいんですね。でも、やっぱりそういった声とも、きちんと話していきたいなと思います。「たしなみうんぬん」とか、そんな問題ではなくて、これは暴力の話なのだと、本当にそこだけは伝えたいです。

望月　たしなみ？　かわいそう？というのは、山口氏がかわいそうということですか。

詩織　山口氏がかわいそうということのようです。「たしなみ」については、何時にどこに行くかとか、誰と飲むかとか、着ている服とか、育った環境とか、いろいろ書いてありましたね。

一方で、男性と話すと、彼らは彼らで困っているようでもあります。一体、どこまでが

オッケーで、どこからがセクハラなのかがわからなくて恐ろしい、何かしたら、すぐに訴えられるんじゃないかと。相手の気持ちをきちんと考えていれば、そんなことはないんじゃないかと思うけれども、やっぱりわからないのだそうです。

実際に、普段からいろいろな話のできる身近な友達ですら、セクハラの加害者として訴えられるということが起きてしまった。だから、もっと公の場でオープンに議論して、もちろん、はっきりとした定義ができるかどうかは何ともいえないけれども、一応、何かの形で明記してあれば、指針になるかなと思います。

望月　男性としては、普通に接して、会話をしているつもりだったのに、突然セクハラで訴えられるんじゃないかという恐れを感じているということですか。これは、ＤＶやデートＤＶに関する教育の欠如からきているということですね。

詩織　若い時からの教育というのは、すごく大きいと思います。

オーストラリアではＧＢＶ（Gender-based Violence: ジェンダーに基づく暴力）に関する理解が進みつつあります。小学生のころから、respectful relationship という教育をしているんです。いかに相手を尊重し、尊厳を守りながらつき合いをするかということですね。

また、ある州では、ＣＭで公共の啓発キャンペーンを行っています。カップル、子どもなど色々なシチュエーションが映し出され。幼い頃から受けていた性差別、性暴力をどんどん映していって、最後に男の人がパートナーの女性を突き倒すという場面があらわれます。

その後、ぱっとシーンが変わって、その男の人が男の子に変わっているんです。小さいときから、暴力はだめだと教える、見せないことが大切なのだというメッセージです。そのCMを見たときはすごく衝撃的でした。やっぱり子どものうちからそういうことを教えてもらわないといけないのだなと。respectful というのは自分に対してもですね。

他者に触れられてはいけない身体の部位を、信号の色で歌って覚えるというものです

詩織　南アフリカにいる友だちが教えてくれたのは、他者に触られてはいけない自分の体の部位を信号の色で歌って覚えるというものです。性器は赤、お尻も赤、ここは黄色、そこは青、でも自分が赤だと思ったら赤だからと、交通安全みたいに教えています。自分がどこを触られているかわからないと、大人からされていることがどういうことかわからない。南アフリカではそういったことも、小さいうちから教えている。小児愛者、「ビタファル」という人もいるから気をつけなさいということです。

私の友人は、トイレに入っていたら、ポルノ雑誌を持っている男の人が入ってきたという経験をしたそうです。友人は、その歌や教えを覚えていたから、その人を見た瞬間に、「赤だ！」と思って、すぐに逃げて、先生にいえたというのですね。

私も10歳の時にプールで痴漢に逢った時は混乱してしまいました。相手のしていることが

理解できないけれど恐怖で、どう大人に説明していいのかもわからなかった。やはり、自分の体のパートがどういうものか性教育も小さいうちから、きちんと教えてもらえないと何かあっても理解できず、大人に助けも求められない。

スウェーデンでは、例えば3歳児用の教育テレビから、女性器、男性器の名前をきちんと教えるんですよね。小さいころから性虐待を受けていた人の話などを聞くと、どこの部分が性器なのかを知らなかったといいます。その部分の名前を知らないから、おしりを触られているとしかいえなかったので、お母さんにきちんと伝えられなかったということもあります。

望月 セクハラということでいえば、そもそも話をするときに人の体に触ってはいけないというのが基本的にありますよね。宴席で、よく男の人は、女の人の肩に手をかけたりするでしょう。そういうのは基本的に悪いのだということをわかっていない人がたくさんいます。

この間、アメリカで、軍幹部が女性の記者のひざの上に手を置いたことで、セクハラで訴えられて、懲戒解雇になったというニュースがありましたね。

詩織 イギリスでも数年前の経験を現在告発し議論になっているものも多くあります。

望月 ボディタッチはセクハラになる。そのことに厳しいヨーロッパ、アメリカからすると、痴漢なんて、本当にレイプと同じぐらいの重大犯罪ですね。

詩織 そうですね。去年、取材をしているときに、電車で体を触られ、指が女性器に挿入されたという話を聞きました。一応、法律上ではこれは強制わいせつに当たるけれども、痴漢という枠組みで捉えられてしまうことがあるのはあり得ないねと、海外の記者の人がいっていました。

性教育という観点で考えると、性暴力をとめるための活動をしているスウェーデンの男性たちによる団体に話を聞いたことがあります。彼らがいっていたのは、小さいうちから「男の子だからこれをしちゃだめ」、「男の子はきちんとしなさい」としつけられていると、孤立化してしまって話せなくなり、それが暴力につながるということでした。男の子ももっとオープンに話せる機会をつくってあげることが大事だと考えて、いろいろ活動しているそうです。

いいなと思ったのは、かっこいいアイドルユニットをつくっているんです。学校を回って、歌いながら暴力をとめるメッセージを発信するというパフォーマンスをしているそうです。お兄さん的存在になって、何でも相談してくれと。日本でも、芸能界などでロールモデルが出てくれれば、大きな力になるのではないかなと思うんですが。

日本ではそういった活動を行う芸能人は少ないですよね。海外では、ミュージシャンなどは結構自分の意見や社会的なことをばんばん言う。彼らだから伝わることがあるから。そういう動きが、もっと日本でもあればいいなと思います。

日本の法律では、13歳が「合意」ができる年齢とされていますが、それはやっぱりおかしい

詩織　日本という、どうしても声を上げづらい社会でどうしたらいいか。やっぱりそれは、聞く側の姿勢でもあると思うんですよね。＃Me Tooから始まった一連の動きを見ていると、聞く受け皿をどんどん広げていかなければいけないと、すごく感じています。

望月　話し合うことで、自分で意識していなかったけれども、そんなことも問題にされるんだとわかる。男女の会話というのは必要ですね。

今、女性の国会議員などを中心に、＃We Toを広めようと動き始めています。何か変化を感じますか。

詩織　国会議員の方も、女性はたったの1割ですから、声は上がってきているほうだとは思うけれども、まだまだかなという気はします。世界経済フォーラムによる「ジェンダー・ギャップ指数」も、日本は世界で114位（2017年）と低いです。でもその中でも頑張ってくださっている方は出てきています。

メディアの中で、すごく活躍されている女性記者の方がいるというのは大きな影響力を持っていると思いますね。2018年度は、114位から上がっているといいですね。

2017年の刑法改正について、3年間は見直しの機会がある可能性があります。変わらなくてはいけないことはまだまだあるので、必ず見直しがされるよう、問題点を海外とも比

べながら相対的に挙げ続けるべきでしょう。法律では13歳が性交渉の合意ができる年齢とされていますが、それはやっぱりおかしいと思います。私が受けた日本の教育の中でも、13歳のときに、「合意」についてはは教えてもらっていないのですよね。どうやって生理が始まり妊娠できるのか、どうやって性病、望まない妊娠を防ぐのか、そういうことについて男女別々に教わったのは覚えているけれども、「合意」って何なのかということについては、教えられていません。ですから、いきなり「13歳で合意ができる」と見なされるというのは、やっぱりおかしいです。

ちゃんと合意について教育がされている英国でも16歳なのに、教育さえない日本が13歳なんですよ。あり得ないです。

合意とは何なのか、日本はまずそこからですね

望月 13歳って、そんな合意ができるのかという年頃ですよね。そもそも、合意とは何なのかということですね。日本はまずそこからですね。

詩織 今の法律でもきちんと明記されていないのですよね。強姦の場合も、合意はしていなかったと、被害者がそれを証明しなければいけない。その証明のためには、脅迫と暴行がなければならないわけです。合意については大きな課題です。

望月　強姦、準強姦というのも、よくわからない分け方ですね。海外では、酩酊状態で強姦されたかどうかということは、やはり薬物検査などの証拠がないと厳しかったりするんですか。

詩織　もちろん証拠は必要です。ただ、酩酊状態の場合は、合意の証明はしなくていい、それはレイプだとなっているんです。酩酊している以上、合意なんてとれない、イコールレイプだと。

望月　強姦、準強姦と分けたりはしていないんですね。

詩織　分けていません。

望月　２０１７年には１１０年ぶりの刑法改正*がありましたが、まだ脅迫等がないとだめという要件は残っていますね。

詩織　コーチと選手、教師と生徒、部下と上司などの、ノーといえない関係であっても、レイプと認められない、のは、おかしいです。

望月　法律自体が明治につくられたもので、女性の人権を軽視したものとなっていますね。

*平成29年6月23日公布改正案は、1）強姦罪を「強制性交等罪」と改め、被害者に男性も含める、2）法定刑の下限を懲役3年から懲役5年に引き上げる、3）被害者の告訴が必要な親告罪の規定を削除し、告訴を不要とするが柱。暴行脅迫要件の撤廃が「監護者」にとどまっている点を指摘、教育現場で教師やスポーツのコーチによる犯罪が非常に多く、これらがカバーされない点が問題だとしている。

Tea Concent（お茶と同意）

イギリスの警察が2017年に作成した約3分の動画です。

「性行為における同意」を「紅茶をすすめる場合の同意」に例えて、説明しています。

動画では、以下のように紹介されます。（一部）

「まず人にお茶をすすめることを想像してみてください」

「あなたがお茶をいれたからといって、相手が飲む義務はありません」

「ここが大事です――絶対相手に無理に飲ませてはいけません」

「もし相手に意識がない時はお茶をいれてはダメです。

　意識がない人はお茶を欲しがらないし、お茶はいかがという問いにもこたえられません。なぜなら彼らは意識がないからです」

「意識のない相手に無理にお茶を飲ませてはいけません」


「お茶をすすめる場合」に例えると、ごく当然のことと理解できます。子どもにも大人にもよくわかる動画です。

北海道警察が日本語の吹き替え版を、YuTubeで公開しています。
< Consent ? it's simple as tea（日本語版）>
https://youtu.be/-cxMZM3bWy0
< Consent for kids（日本語版）>
https://youtu.be/xxlwgv-jVI8

詩織　フランスのジャーナリストで、アクティビストでもあるミエコ・ヒヤマさんと話したときのことですが、彼女は小さいときにいとこからレイプをされたのだそうです。それをおとなになって、やっと訴えることができた。けれども法律では、たしか時効が20年ほどだったのですが、ぎりぎりのところで時効が過ぎてしまい、何もできなかった。ただし、彼女の告発によって、時効が延ばされるようになりました、

日本にも、性犯罪の時効はありますね。でも、子どものときに受けた性暴力というのは、理解もなかなかできないし、乖離が起こり記憶が大人になってから突然思い出されることもあります。しかし、大人になってから思い出したりしたときに、時効があると何もできなくなってしまいます。

フランスでは、彼女が声をあげたことによって、時効が延びたんですね。ミエコ・ヒヤマさんは、お父さまが日本人で、お母さまがフランス人と、日本にもルーツのある方だから、日本の法律のこともすごく気にしてくださっていて、在日フランス大使館などに呼びかけをされたりしています。

望月　彼女自身が、20年前の性的暴行みたいなものを思い出したことから、始まっているわけですね。

詩織さんの勇気を受けて、今度はわたしたちが勇気ある一歩を

望月　現在、詩織さんの裁判はどのような状況ですか。

詩織　今はまだ準備段階で、証言をしあったり、証拠を出しあったりするのは、もう少し先になると思います。弁護士の先生は6人になりました。そのうちの1人、村田智子弁護士は、山本潤さんが代表をされているSpringの顧問弁護士として、刑法改正についても動いています。山本潤さんは、実父から性暴力被害を受けて、刑法改正について、積極的に様々な活動をされている方です。

あとは角田由紀子さんほか、デートレイプドラッグなどについての見識の深い女性の弁護士が2人、男性の弁護士も2人います。

今回の裁判は、残された1つの司法の道だと思っています。

デートDVの問題について、最近はイギリスでも、デートアプリの「ティンダー」というのがすごくはやっているんですね。どういうアプリかというと、スマホでデートしたい候補者の写真をどんどん選んでいくんです。すごく簡単に人に会えてデートができる。中にはそこで出会い、結婚している人たちもいます。ただ、最近、ロンドンのSARC（性暴力救援センター）の人に聞いたら、そこでデートDVに遭う人が近年ものすごくふえているそうですね。簡単に人に会えるということもあるし、オンラインのその相手ががどんな人かわから

ないから。

望月　一度だけでもデートＤＶやＤＶに遭ったら、心の傷をずーっと抱えていくことになりますね。フラッシュバックもつらい。

詩織　そうですね。　私も最近になって気づいたのですが、自分自身のケアってできていなかったんです。でもパニックアタックの後に数日間体が動けなくなったのは困ったので、一応、お薬はもらっています。今は、自分のケアできていない傷の深さに気づけたことはよかったですが、その傷全てに向き合ってしまったら多分、生活、仕事ができなくなってしまうので、とりあえず今は傷については無視をせず、でも生き延びていくために、仕事は続け、元気になって来たかなと思ったら本格的にケアを始めようと思います。今まではどこに相談に行っていいのかもわからなかったので、迷子、孤独になることが多かったですが、今ではこのような相談ができる先生にも巡り会えたので、良かったです。

望月　詩織さんが声をあげたことを、多くの人たちが受け止めていると思いますが、社会を変えていくには、何よりもまず自分の心身の健康が第一です。自分の心と身体にとって無理のない範囲で、ベストを尽くす、伝えていく。

詩織さんはもう充分に「黙っていないで、声を上げよう」と、私をはじめ、社会の女性たちを鼓舞し、その役目を果たしてくれたと思います。詩織さんの勇気を受けて、今度はわたしたちが勇気ある、一歩を踏み出していかないといけない時期に入ったと思っています。ありがとうございました。

女性＝アウトサイダーが入ると、変革が生まれる

――女性議員を増やそう

上智大学
三浦まり
&
望月衣塑子

三浦まり　　　　　　　　望月衣塑子

土井たか子さんが社会党の委員長になり、「マドンナ・ブーム」が起きました

望月　三浦さんが大学に入ったのはちょうどバブルの始まった時代ですね。わたしより8年先輩で、おなじ法学部だということを今知ってびっくりしたんですが、当時女性はどのくらいいましたか。

三浦　わたしのゼミは1つ上は1人しかいなかったんですが、わたしの代から変わりはじめて、男女半々になりました。まさにバブルの時代でした。

望月　政治も変わるし、女性も社会にコミットしよう！というような雰囲気がありましたか。

三浦　それはまだです。女子学生の割合は、学部全体の15パーセント位でした。１９８６年に土井たか子さんが社会党党首になりました。女性党首は憲政史上初めてで、89年の参議院選挙で市民派のクリーンな女性が数多く出馬しました。土井委員長の社会党は大勝利し、「マドンナ・ブーム」が起こったのです。

土井さんは、導入されたばかりの消費税廃止を訴えると、多くの女性がこぞって賛同しました。女性議員は22人当選しました。

でも学生は政治からまだまだ遠かった。先輩に宮崎緑さんがいて、女性の活躍する道は、テレビキャスターが脚光を浴びている程度でした。総合職として就職するのはものすごく難

しく、入っても身体を壊し、辞める人たちがいました。

望月 電通で2015年暮れに過労死した高橋まつりさんのような働かされ方ですね。わたしのときも商社に入ったのは1人か2人でした。

三浦 その当時は性差別という言葉で捉えていたわけではなかったのですが、直感的に、ああいうおじさん的な日本の企業には向かないなと思い、就職は国際機関を探していました。大学4年のときに交換留学に応募し、フランスのシアンスポ（パリ政治学院）に行きました。4年生の時に行ったので、帰ってきたら6月ですから、就職は難しい。それならと大学院に進学しました。

望月 シアンスポはフランスのエリート養成校ですね。卒業生にはフランスはじめ各国の首脳、国際機関のトップ、企業経営者が名を連ねるという。すごい刺激だったのではないですか。

三浦 そうですね。シアンスポを卒業した後はENAというフランス国立行政大学院に進むのがエリートの出世コースです。ここでは国家公務員扱い、2年目で研修を兼ねて地方に行き、戻れば出世街道を歩んで頂点を極めていくわけです。

望月 日本の東大ではないですが、多くは政治家になるのですか?

三浦 まず行政官庁に入り、頭角を現すと政治家です。フランスのエリートの政治家はほとんどみんなENA卒業ですね。

望月 フランスと日本の違いはどこにあると思いますか。日本の場合、女性の活躍は土井さん以後、停滞しました。

日本がやってこなかった最たるものは、ジェンダー平等に手をつけなかったことです

三浦　1990年代は失われた10年といわれ、長期停滞の時期でしたが、わたしは失われた20年とも30年とも思っています。93年に自民党の長期政権時代だった55年体制が崩壊し、新しい時代が来ると思っていたら、一度は政権交代がありましたが、自民党に替わる野党が育たなかった。

どうしてこうなったのかを考えてみると、理由はいろいろありますが、ほかの国がやってきたのに日本がやってこなかった最たるものは、ジェンダー平等に手をつけなかったことです。世界的に、1990年代ぐらいから女性議員が増えてきました。意識的に増やそうとして増えたんです。日本は90年代にはそういう発想はまだなかったんですね。

望月　日本は積極的なことをしてこなかった。

三浦　法律上は1999年に男女共同参画社会基本法が、2001年にはDV防止法ができ、日本も変わるのかと思われたのですが、その後の停滞が激しいですね。この15年位の停滞の理由はバックラッシュが起き、ジェンダー平等を求める声が攻撃にさらされたことがあります。「新しい歴史教科書をつくる会」とか、いわゆる歴史修正主義者の台頭ですね。

やはり停滞感の源は90年代ですね

三浦　91年に日本軍「慰安婦」問題が出てきました。当事者が名乗り出し、日本政府も事実を認め、謝罪をし、きちんと歴史に刻むということを誓ったわけですが、実際には現在の状況につながる歴史修正主義の台頭が引き起こされました。歴史的事実を否定したい人たちの情熱にはものすごい持続力があり、熱心な草の根運動が展開されています。結果的に、今、若い学生たちが「慰安婦」問題のことを知らない状況にあります。日本と近隣諸国との間には、若い世代の認識に大きな隔たりが生まれてしまいました。

望月　やはり停滞感の源は90年代ですね。さまざまな分野で日本の加害責任を追及しなかった。「慰安婦」問題は日本人にとって一番いやな問題ですね、民族差別も性差別も含まれている。それを子どもたちに教えてこなかった。

三浦　大学でもこういう問題では気を使います。上智大学では、少なくとも1年に1回はなんらかの講座が開かれていますが、外部には公開していないものが多いと思います。歴史を否定したい人たちが押しかけてきたら、学校で冷静に考えることが難しくなります。

望月　在特会ですか。今の時代でも。

三浦　在特会とは限らないと思います。灘高校が、学び舎の『ともに学ぶ人間の歴史』教科書を使っただけで、問題になりました。もちろん気骨のある先生もいらっしゃるのですが、騒ぎが起きるとそれを跳ね返すためにエネルギーを費やさないといけない。

事なかれ主義の人がトップの場合は、現場は大変苦労することになります。

望月　三浦さんが大学でお話しされたときの学生たちの反応はどんなですか。

三浦　学生たちはみんな驚いて聞いています。初めて聞くからなんですね。外国人の先生たちも参加されますが、「慰安婦」問題をもちろんよくご存知で、「なぜ日本の学生たちが知らないのか」に驚かれます。わたしは彼らのコメントを忸怩たる思いで聞きました。

望月　やはり安倍政権の歴史修正主義が影響しているのですね。

三浦　中学の教科書から「慰安婦」問題の記述が消えたことが大きいと思います。さらに学生が新聞や本をあまり読まず、ネットから情報を得ることが増えて、歴史修正主義の言説を目にする機会が多い一方で、きちんとした歴史検証を聞く機会がないことも、今の事態に拍車をかけています。

2000年代初めには、自民党にハト派がいました

三浦　ヨーロッパでは、移民排斥など人種差別的な動きは下からの運動として起こされていて、それをエリート政治家がどう止めてい

くかという攻防になっています。

日本は下からの動きというよりも、エリート先行で右傾化が進んでいます。それに煽られる形で、草の根の排斥運動が勢いづいています。

望月　上の右傾化と下のネトウヨ、ネット上で右翼的発信をする人たちですね、こうしたものがある種の共同体になって、今、一気に強い勢力として現出している感じです。

伊藤惇夫さんのような人たちが、首相が変わっても、日本会議のような活動を継続してきたことが生きています。

三浦　２０００年代初めまでは自民党にもハト派がいて、安倍首相のような真正保守の動きへの抑制が働いていたと思います。その後、ハト派政治家の引退により、世代交代が進んだことが自民党の劣化に繋がっています。また、党の支持基盤が弱体化して、公明党との選挙協力が不可欠になっています。90年代までは地方にお金を出す保守的開発主義で集票できたのが、２００１年の小泉政権からは公共事業を削減し、地方の支持基盤は弱体化していきます。当時の新党が主張していた新自由主義を小泉政権が唱え、都市部に基盤をシフトしていきますが、自民党の新自由主義化に対して野党は効果的な対抗軸を打ち出すことができませんでした。格差社会が可視化されるようになり、２００６年には、小沢一郎さんが「ストップ・ザ格差社会」を打ち出し、新自由主義的な自民党に修正を求める社会民主的対抗軸を連合とともに作ろうとしました。

これは民主党の、そして小沢氏のコペルニクス的転換です。

望月　コペルニクス的転換ですか？

三浦　そうです。小沢氏は自民党の開発主義・利権誘導を批判し、90年代は新自由主義の騎手だったわけです。ところが、弱者に優しい、その意味では旧田中派的先祖帰りを行う。他方、民主党にはもともと新自由主義を信条として、自民党と対峙している人たちが結構いたわけです。新自由主義のお株を自民党に取られて、急ごしらえ的に社民主義的な政策を掲げたわけですが、内部での議論の積み重ねのなさが政権をとってから露呈していくことになります。

新自由主義と歩調を合わせ、格差拡大を容認してしまった

三浦　民主党政権は野田政権になると、社民的色彩が消え、立ち位置を見失います。今回「立憲民主党」ができ、再び対抗軸がスッキリするのではないかと期待はしています。

要するに日本に新自由主義の野党は必要ないということです。新自由主義を支持する人は自民党に入ればいいわけです。

これ以上時間を無駄にしないためにも、野党は腹をくくって社民的なものになるしかないと思います。新自由主義である限り、自民党に勝つことはないですし、野党として自民党の補完勢力になるだけです。政権を本気で取る気があるなら、時間を無駄にしないでほしいと

いうのが、わたしの希望です。

望月　新自由主義を続けると女性の活躍はあまり期待できない？

三浦　90年代のフェミニズムは、新自由主義をある意味歓迎したところがありました。新自由主義は性に対して、ニュートラルだから、男も女もどんどん活躍してもらおうという政策なので、従来型の自民党のおじさんだけの世界と比べれば女性の活躍する余地は広がります。だから、新自由主義と歩調を合わせてしまった側面があります。ここで格差拡大を容認してしまったことは、フェミニズムの反省点です。一部のエリート女性は均等法で前より活躍できたとはいえ、いまだに女性の総合職は9%です。

望月　変わっていない。

ジェンダー平等が進むことによって相乗効果が生まれます

三浦　30年たって、6%から9%になっただけですよ。本当に数%の女性にしか恩恵はなく、この人たちも大変な思いをしているわけです。一方、格差は拡大し、働く女性の半分以上が非正規雇用で、賃金格差、待遇格差がほぼ是正されず場合によっては悪化さえしています。

新自由主義の負の側面として、格差が広がり、そこに女性差別が加わり、女性の貧困が推し進め放置されていったわけです。

日本の場合、企業が女性を人的資本としてほとんどみなしていない、性差別を織り込んで経営しているのが現実です。賃金を安く抑えられるメリットで採用し、女性のキャリア形成を狭めてしまった。

望月　日本の企業の体質は全く変わっていない。

三浦　他の国はジェンダー平等が進むことによって、働きやすさ、人間らしさなど相乗効果が生まれ、経済にもダイナミックな影響を与えました。日本ではビジネスと人権が分離して考えられているから、セクハラ防止が企業利益になると捉える経営者がまだまだ少ないと思います。政治の面でも、日本の遅れは深刻です。ヨーロッパでは、意思決定の男女同数を掲げる緑の党が台頭することで、これに刺激された労働党や社民党などが女性を積極的に登用し、組織刷新しました。

労働組合に基盤を置いていた政党は女性票を取らないと負けてしまうこともあり、ジェンダー平等を重視していきます。もともと平等というのは社会民主主義の重要な価値観ですから、平等の中には当然のこと男女平等も入らなければならないわけです。

土井たか子さんのとき、護憲や9条と同列にジェンダー平等をすえて社会党を刷新できていたら、随分違った未来が描けたでしょう。差別と平和は一体ですから。

望月　どうしてジェンダー平等を立てられなかったのでしょうか。

三浦　土井さんはやっぱり憲法の人でした。憲法問題ほどジェンダー平等には踏み込めなかったのだと思います。ただそれ以上に、社会党や労働組合が男性支配の構造だったことは大きいです。

95年の北京会議で、女性の権利も人権であることが確認されました

三浦　国際的には、95年の北京会議で、女性の権利も人権であることが確認され、またジェンダー平等や女性のエンパワメントの必要性が共有されました。日本でもこの流れの中で、男女共同参画社会基本法が策定されます。

望月　民主党政権では女性議員が増えましたね。

三浦　２００９年には女性議員の比率が11・３％まで増えたのですが、これは民主党が勝ったからですね。ところが、民主党政権は閣僚には女性を1人、2人しか登用せず、東電福島原発事故以降では0になっています。女性を顔の見えるところに登用する意識がほとんどなかったのです。むしろ自民党のほうが権力を維持するために、女性を積極的に使っています。民主党政権は年功序列で大臣を任命するという発想から抜けられなかったのですね。ジェンダー・ニュートラルではありますが、ニュートラルが性差別だと気がつかないわけです。

望月　自民党は女性を客寄せパンダ的にみて、浮動票が取れる元アイドルの今井絵理子さんや女優の三原じゅん子さんを使うなど、その意識がありますね。

三浦　民主党で蓮舫さんや山尾さんが大活躍しました。目立つ人が1人いたらそれでいいという発想だったと思いますが、これで満足したのでは駄目です。登用された女性は執行部で孤立してしまう。

望月　今回、立憲民主党は乗り越えて欲しいですね。

辻元清美さんが国対委員長ですね。

変革を起こすためには、女性を一気に3人登用するのがポイントです

三浦　女性の国会対策委員長は初めてですから、大きな変化です。でも、役員は1人しか女性がいません。1人は紅一点で一本釣りされるからだめ。2人いると、今度は対立させられ、2人とも潰される。3人いると、いろんな形のフォーメーションが組めるし、やりやすい。だから、変革を起こすためには、女性を一気に3人登用するのがポイントです。

望月　山尾さんがポストに就けなかったあと、主要幹部は皆、男布陣でした。もう女性はいないのかとがっかりしましたがもう少し意識して欲しいですね。

三浦　育てる意図がない。

望月　安倍政権は安倍さんのいうことを聞く、かわいい子しか入れないです。前の民主党には現在の西村ちなみさんたちがやっているような女性活躍の場はなかったのですか。

三浦　ありました。男女共同参画本部で、議論をしていました。Water and Seedという基金を作って、女性候補者には100万円を上乗せするとか、全国を11ブロックに分けて女性スクールを運営するなどしていました。ただ、外から見える形にはならなかった。

望月　ヨーロッパでは女性議員を増やすことが必要だという動きが大きなうねりになり、世論として定着しましたね。

アメリカでは今回の #Me Too 運動などもアピールがすごいですね。ハリウッド大物プロデューサーから受けたセクハラが発端ですが、SNSで発信され、つぎからつぎへと「わたしも」という女性たちが告発して瞬く間に広がりました。みんなで黒いドレスを着てデモをしたりして。

三浦　その前にトランプの暴言に怒るウィメンズ・マーチがありました。この後に、わたしもアメリカに行ったのですが、もう女性が立ち上がらないとダメだという空気がすごく強かったですね。

女性議員になろうという人が3～4倍増えたのはアメリカの底力ですね。

望月　次の選挙で、立憲民主党には女性議員を一挙に増やす作戦があるのでしょうか。

三浦　国会議員も大事ですが、地方議員を増やす手立てが必要ですね。なり手不足が深刻ですから、ここに女性が入ることによって、議会も活性化し、女性議員のロールモデルも増えます。

日本の地域社会はデフォルト保守です。地域の権力社会は男性が握っていて、保守政党はここを基盤にしています。共産党、公明党には女性地方議員が多いですが、無党派・市民派の女性議員も各地に誕生しています。弱いのは旧民進党系の政党で、ここがどうやって地域に基盤を築くのか、組織化の過程でどうやって女性を巻き込むのかが課題です。

地方議員はなり手が少なく、3割が無風状態です

三浦 地方の基盤を作り変えるというのは大変重い課題です。70年ずうっと継続してきた保守の権力基盤が岩盤のように立ちはだかっています。ですけれど、投票率が低いということは可能性もあるんです。多数の人は無関心、選挙にも行かない。この人たちをネットワーク化していくことができれば変わります。

世論調査をみれば、憲法9条への支持や、脱原発のほうが多数派です。このマジョリティの声を、国会前ではなくて、それぞれの地域でどうやってすくい上げるのか。ここが大きな課題です。選挙はあくまで地域単位です。保守系はお祭りや町内会活動を通じて顔が見える信頼関係を築いています。

本当はごりごりの保守でも、行事の際には荷物を運んでくれたり、仕事を率先してやってくれる地域のいいおじさんだったりもします。住民はイデオロギーや政治信条はよく知らず、

いい人に見えるからと投票しますが、その政治信条を強く支持しているということではないでしょう。

望月　そういえば、地方議員は一般的に話し好きなのでしょうね。

三浦　人付き合いが良くないと、政治家には向きませんね。地方議会は実は国政にも大きな影響力を持ちます。本当にあなどれないです。日本会議などの主張を意見書として出し続けてきたのも地方議会です。一方、市民派は議会に勢力が少なく、影響力が限定的です。感度のいい女性を選ぶことが大切です。

地方議員はなり手が少なく、3割が無風状態です。数百～数千票で当選できるので、学校のお友だちをまとめることから始め、地道にやっていけば当選はそれほど難しくないわけです。

ただ、一般市民は選挙ノウハウを知る機会がないので、出ようという気になりにくいです。高額な供託金の引き下げは必要ですが、100万円程度の資金を集めて、議員になった例もあります。あとは、1年近くかけて足で歩くこと。ヤクルトのおばさんみたいに、井戸端会議のように話しを聞いていくやり方です。

望月　いろいろな意見があるので、人々の声を聞くのがいいのでしょうね。

三浦　「あそこの下水道、最近くさいわよね」、じゃあ市役所へ行ってみましょうかというようなことがいえる人がいいんです。学歴やキャリアは関係なく、おせっかいおばさん的な人がいい。

若手の女性リーダーを養成するパリテ・アカデミーを設立しました

望月　そういう人でも政治に向くんですか。

三浦　向いています。面白いのがアメリカで、わたしは女性議員養成のセミナーを提供している団体を14カ所見てきたのですが、どこも本気でダイバーシティ（多様性）に取り組んでいます。人種、宗教、階級、性別、性的マイノリティなどの点で、議員になっていないタイプの人を探しています。あとはシングルマザーや、社会的に恵まれない人、障がい者とか。

学歴、収入、職業はまったく関係なく、受講生を選抜しています。そして、地域で問題が起きたとき、どのように解決するのか。対立があったときでも、人の意見を聞いて、紛争解決に導く、そういう経験が政治家には必要なのですね。そういう素質を見ていました。

わたしは、これまでの学問的知見を実践に活かしたいと思い、若手の女性政治リーダーを養成するパリテ・アカデミーという一般社団法人を設立しました。そこで教材として、女性議員に出演してもらったビデオ教材を作ったのですが、登場した人は全員、政治家の仕事は人の意見を聞くことだと語っています。政治家というと演説で自分の意見を一方的にいうイメージが強いですが、それよりも大勢の、特に弱い立場にある人たちの意見を聞くほうが大事と、皆がいっているのです。

望月　きめ細かなイメージがより必要ですね。

三浦　自分の地域でみんながどんな悩みを抱えているか、介護とか、待機児童とか、いろいろな悩みを聞き、それを解決するために具体的な制度に落とし込んでいくのが仕事なわけです。意見を集約し、調整し、そして変えていくのが政治家の役割。ところが国会議員をテレビで見ていると、権力志向や虚栄心が透けて見えて、政治に幻滅する人が多いのではないかと思います。

こういう人には近づかないほうがいいと思えてしまう。政治家のイメージももう少し変えて、政治家の仕事とは何かについて、議論が深まる必要があると思います。人の悩みを聞くのが政治の仕事なら、向いている女性はいっぱいいると思います。

望月　本当にそうですね。でもそこまで気がついていないのかもしれません。

三浦　もちろん制度を変えるためには、法律の知識も必要ですが、一人で全部抱え込む必要はなく、ブレーンを活用すればいいんです。例えば介護保険のどこが問題かを考えるなら、専門家のネットワークに持ち込み、相談すればいい。

社会問題はいっぱいあって、議員は一つのテーマだけを追いかけるわけにはいきませんから、専門家である必要はないのですね。学ぶ意欲があれば、新しいことをどんどん吸収していけます。情報をキャッチするのが仕事の一つですね。

ワールドカフェ方式を組み合わせてみました

望月　女性議員を増やすために具体的にどのようなことを考えていますか。

三浦　日本は女性センターや男女共同参画センターが各自治体にあります。そこを拠点に女性の政治参加を促す取り組みが増えていくことに期待しています。また、行政の審議会や運営委員会などに女性を増やす試みもあります。

女性センターの講師に招かれることが多いのですが、1時間前後話して、質疑応答3～4人というパターンが通常です。去年埼玉で講師を務めたときは、ワールドカフェを組み合わせてみました。3時間ほどのプログラムで、わたしが1時間半ぐらいの講演をして、その後、ワールドカフェといって、80人ほどの参加者を6人ぐらいのグループに分けて話をしていきます。テーマはこちらが設定をしますが、みんな実に生き生きとしゃべるんです。若い人も年配者も一緒になって。こんなにみんな喋りたいんだなと実感しました。

それからは講演を頼まれると、ワールドカフェを組み合わせるように提案しています。そのほうが来ている人も楽しいし、友だちも増える。ワールドカフェ方式が増えるといいですね。

望月　そうやって政治への参画が踏み出されて、その中から、女性議員が出てくるようになってほしいですね。

三浦　ワールドカフェ方式から一歩進んで、そこで出た要望を議員に直接届けてもらうところまでいけたらと思ったのです。

会場で「議員に会ったことはありますか」と聞いたら、ほとんどの人が会ったことがないというのが分かりました。とくに国会議員には会ったことがなく、地方議員でもわずかといいう程度です。声を届けるという習慣がないんですね。本来、議員は住民の代表ですから、わたしたちの意見を聞かなければならないし、わたしたちも声を届けるようになれば、政治は変わっていきます。

そこで、みんなカフェが好きなので、おいしいコーヒーに付加価値を付けておしゃべりできるパリテ・カフェを始めました。

パリテ・カフェ（＝均等喫茶）始めませんか？

望月　パリテはフランス語ですね。どういうふうに始めたのですか。

三浦　パリテというのは男女均等、男女同数という意味です。パリテを目指すカフェという意味で、パリテ・カフェと名付け、去年の秋から始めました。第1回は神田で開き、60人位が集まり、政治について、日頃のもやもやを存分に語ってもらいました。

最後にアンケートで、ちょっと誘導尋問みたいになりましたが、「政治分野における男女共同参画推進法を成立させてほしいですか」と問いましたら、みなさん賛成でした。

ちょうど衆院選の告示直前でしたから、早速この声を東京一区の議員候補に届けました。パリテ・カフェは趣旨に賛同する人が誰でもオーナーになって開くことができます。話しあったことを選挙区の、国政でも地方でも、議員に届けることを推奨しています。こうした行動に効果があるからです。

第1回のパリテ・カフェでは、海江田万里さんのところへ数人で行きました。本人がおられて、「要望書もあるんですね」と、要望を一つ一つ熱心に読んで、質問もしたりして、はじめて政治家の事務所に行った人たちは感動したようです。自分の目の前で、政治家が自分たちの声を聞いている、という経験はあまりないからです。民主主義はここから始めないといけないと思いました。

もちろん、デモ、陳情、署名活動も大事ですが、議員は地元有権者の声が一番怖いのです。票に結び付くからです。

女性議員を増やすための「政治分野における男女共同参画推進法」は、クオータ制を推進する会（Qの会）の皆さんの熱心なロビー活動の結果、5月に成立しました。この法律を準備した議員連盟の会長の中川正春さんがよくおっしゃていました。永田町では法案を通せという声を聞くが、地元にもどると、誰もこの法案のことを知らない。それでは議員は本気にならないと。

望月　永田町に来る人と地元のギャップですね。三浦さんのパリテ・カフェはそこを埋めるために必要な地道な活動ですね。

三浦　選挙区から選出される政治家は地域が地盤ですから、地域からの声に敏感です。原発や憲法9条にしても、個々の地域社会では運動がマイノリティなために、全国的には大きなネットワークになっても、地域単位で存在が見えにくくなってしまいます。

望月　パリテ・カフェのためのPRをどのように計画されていますか。

三浦　ホームページとFB（フェイスブック）ですね。ただ、〝パリテ・カフェ〟で検索すると、パリのカフェがたくさん出てきちゃうんです。（笑）

女性議員が半分に増えたら、男性目線が変わるでしょう

望月　もし、女性議員が半分に増えたら、今の男性目線が大幅に変わるでしょう。例えば、「軍備増強は当たり前」、「北朝鮮は怖い」みたいな流れも女性から見ると異なる。男性の価値観だけでは通らなくなる。

三浦　生活保護とか待機児童とか、困っている人たちが抱えている問題に目を向けるようにもなりますね。

望月　人の話を聞くということでは、森ゆうこさんもそうでした。新潟県の町で介護ボランティアグループの組織作りからスタートし、新潟県女性財団で企画部長などを務め、町議から参議院議員にまで登り詰めましたが、国会での印象とはだいぶ違って、会ってみると極め

て調整型で人の話を聞くというタイプでした。

立憲民主党は国対委員長に辻元清美さんを起用したのが、うまくいったようです。辻元さんといえば例の「総理、総理」の強いイメージだったのですが、会いに行くとすぐに、「大丈夫？　あんなに叩かれて？」と。辻元さん自身ネットで叩かれたり、選挙でいやがらせをうけたりしているんですが、相手の状況をおもんばかるような、どちらかというと聞き役で、配慮を感じました。辻元さんの応援団が多い理由がわかりました。

政治部の記者に聞いたら、ピースボートの創設に携わっていただけあり、相手の話しをよく聞く調整型であり、タフ・ネゴシエイター（交渉人）で野党の質問時間削減問題なども彼女の調整力が活きていたと聞きました。

三浦　いろんな人の意見を聞いて、吸い上げる訓練ができている人なんでしょうね。

望月さんもヘイトスピーチなどで、随分叩かれていますが、どうですか。

望月　多分、安倍政権が健在な限り、常に叩かれ続けるでしょう。何か意図的に、組織的に行われているような気さえします。

三浦　日本はまだ主張をする女性へのバッシングが根強いですね。でも世界的にみると、もっと過激な酷いものがたくさんあります。

例えば、女性議員に対して、匿名に隠れて言葉のバッシングだけでなく、コラージュ写真をでっち上げ、性的な嫌がらせをしたり。レイプするとか殺すぞとか、女性議員だけでなく、声をあげる女性に対しては発言を封じ込めるために、ネット上での脅しが繰り広げられています。

望月 女性にたいする暴力では最近、#MeTooをはじめ、いろんな対抗措置がありますが、政治分野における暴力が問題ですね。

三浦 そう。政治は象徴的です。要するに権力を男性と争うことになるから、余計にバッシングがひどくなります。女性議員が多少増えたとはいえ、トップはまだまだ少ない。

ネットでの誹謗中傷は、本人がみる必要性はないですから、秘書などが削除すべきですが、問題は次世代の女性も目にしてしまうことです。議員になったり、公に発言したりすると、叩かれると思って、やめようと思ってしまうかもしれません。

ボリビアのようにネットバッシング規制を!

三浦 世界の中では、ボリビアだけが唯一、ネット上の女性に対する暴力への法的な取締があるようですが、今後どのような法的措置を含む対処をすべきか、国連などでも取り上げられ、国際社会の大きな関心事になっています。

望月 日本では、DV法などはあるものの、刑法の分野でたち遅れていますから、政治に女性が参画するのに、ネット上にあふれるバッシングなどの暴力を規制する必要がありますね。

三浦 ネットでの被害の実態調査が必要です。

望月　女性が女性を叩くケースもありますね。

三浦　熊本市議の緒方夕佳さんが議会に生後7カ月の赤ちゃんを連れていった件は、反響がすごかったですね。わたしは緒方さんの関連のインタビューを15回位受けました。ほとんどが女性記者で、緒方さんに対するバッシングがなぜ起きたのかを問題視している方も多かったです。女性読者からの批判もあったそうです、若い女性記者たちは自分が批判されているようで、心に突き刺さるといっていました。なぜなのかその辺りを知りたいと。

ウーマンリブのころ、外国で流行った女性同士のシスターフッズという言葉も日本では定着していないですね。女性解放のために女性同士が連帯しようという意味です。

望月　連帯ではなく、分断されてきたのが日本です。

三浦　女性は「母性」を巡って対立させられやすい状況におかれています。国家が「母性」を重視するのは、富国強兵のために子どもを生ませようというたくらみがあるからです。人口減少が危機的な日本では、産ませようという圧力が近年さらに高まっています。

これに対抗するのが重要で、女性が子どもを産む、産まないは、女性たちの性的自己決定権であって、どう決定するかは個人が決めることです。産みたい人、産みたくない人、産んだ人、産まなかった人、それぞれの人生の有り様を尊重して、女性たちが手を携えていく必要があります。

2000年代にバックラッシュが広がったため、リプロ（性と生殖に関する女性の健康と権利）に関する理解は広がらなかったといえるでしょう。

台湾や韓国では日本軍「慰安婦」問題などを通じて、世代を超えて若い人たちにもフェミニズムが広がっている。韓国では20代の女性で「慰安婦」問題を知らない人は一人もいません。日本は真逆ですね。「＃MeToo」に火がつかないのも、ここ20年ぐらいの日本社会のありように一因があります。

「新時代のフェミニズム」に若い人の反応が多い

望月　海外の影響もあるのでしょうが、最近フェミニズムが改めて注目されるようになりましたね。
三浦　２０１７年、ＮＨＫのハートネットＴＶの「新時代のフェミニズム」に出演したら、若い人の反応が多くて、驚きました。フェミニズムという言葉がかっこいいという時代になったのですね。
望月　またまた復活しましたね。
三浦　かつてはフェミニズムというとちょっと怖いと思われていて、アカデミズムもジェンダーという言葉を使うことが多かったのですが、若い世代には逆に、フェミニズムという聞いたことのない言葉が新しく響くのですね。女性紙やファッション雑誌でもフェミニズム特集を組みだしたり、若い女性たちの間に少しずつ広がりつつあります。

望月　仕掛けているメディアの女性たちは30代でしょうか。

三浦　そう、子どもを持ちながら働いているうちに、いろいろな問題に突き当った30～40代ですね。ある出版社など、鉄は熱いうちに打てと、性暴力に特化した出版を企画しています。

「ストップ　キャンパスレイプ」啓発運動が広まっています

三浦　一時、大学生のレイプ事件が立て続けに報道されました。それもエリートの慶應、早稲田、千葉大学と。東大で起きたレイプ事件も集団でした。

望月　どういうわけか不起訴が多いですね。疑問が残ります。

三浦　アメリカでは5人に1人がキャンパスレイプに遭っているといわれます。

望月　えっ、そんなに多いのですか。

三浦　アメリカでは大学生は基本的にはキャンパスの中か周辺の寮で生活しますから、ここにお酒、レイプドラッグなどが加わると、レイプが発生しやすいということがあると思います。もうこういうのは終わりにしようと、バイデン副大統領はビデオメッセージを発表したくらいです。

女子大生たちも「ストップ　キャンパスレイプ」の啓発運動を始め、キャンパス内で広がっています。＃MeTooもその流れで起こされた運動です。

日本では「レイプは犯罪です」と思っている人は多いけれど、何がレイプにあたるのか、性的同意とはどういう意味なのかを理解している学生は少ないと思います。そのための啓発運動はちゃぶ台返しアクションが中心となって、少しずつ始まってきたところです。大学としての取り組みは遅いです。

望月 そうですね。キャンパスレイプ啓発運動にはならないですね。

三浦 新学期になると、急性アルコール中毒で何人も救急車で運ばれるわけです。そこで大学としても、18歳はまだ飲酒できないとか、カルトの勧誘には気をつけましょうという取り組みはしていますが、レイプのことは誰も言わない。

本当はひどい事件が起っているのに、示談とか、不起訴だったりする、大学側も目に付くような啓発アクションをしない。それで実際被害を受けても声を上げなくなってしまう。

100人中4人、4パーセントしか被害届けをださないのです。

望月 想像が働きにくいのでしょうか。

三浦 被害者バッシングに問題がすり替えられてしまうので、社会の中にある女性差別にはなかなか目が向けられません。

望月 キャンパスレイプだけでなく、職場でのセクハラ問題も同様ですね。あの自殺した電通の高橋まつりさんの場合も、「嫌だったらやめればいいじゃないか、なんでその勇気がなかったのか」で終わってしまうんですね。

三浦　加害と被害が生まれる権力関係を見ないで、現状の中で自分がどうサバイブできるかにしか目が向いていないですね。

望月　そこを変えていくにはどうしたらいいでしょうか。

「労組」っていったら、「ローソン」のことだと思ってしまう学生が一定数います

三浦　基本から伝えないといけないかと思います。たとえば大学の講演の際、わたしが「労組」といったら、「ローソン」のことだと思ってしまう学生が一定数います。「労働組合、頭文字をとって〝ろうそ〟といいます」とそこまでいわないと、わからないんですね。労働組合を知らないからです。

授業が終わった後で、「先生、労働組合って、すごく悪い人が入るところですよね」といって来た学生もいました。

労使は対決するものだということを初めて知ったという感想をもらったこともあります。

望月　ある意味、体制を肯定的に捉えている。先日聞いた話ですが、今の東大生の意識では、「かつての民主党政権の失態を見て、安倍政権になってようやく落ち着いた」と。「しかも雇用が良くなった、何で不満を抱くんですか」、がスタートだそうです。三浦さんのお話しと共通性がありますね。

三浦　国会前で運動する「ＳＥＡＬＤｓ」の話を出した途端に、何か冷笑するムードがふ

わーっと。

望月　安保法のときも同じでしたか。

三浦　デモは人に迷惑をかけるし、おかしい。「首相をやめろ」なんて品のないことというなんてありえない、とか。「人を罵倒するようなことを公的空間を占拠してやるなんてのもありえない」と。

デモは憲法でも認められているし、基本的な権利ですよ、というところから始めなければならない。

女性差別の実例、絶対に上がるのが女性専用車両です

三浦　学生に性差別の事例を上げてくださいというと、絶対に上がるのが痴漢防止の女性専用車両のことです、逆差別だと。

望月　そっちですか。

三浦　レディースデイで女性だけ安いのが逆差別。その二つがまっさきに出てくる。女の子でさえ、女性の誤った被害者意識がおかしいという感想を書く学生もいます。ただ、男女賃金格差があるのを学生は知らないから、データを示して、女性は男性の7割、非正規雇用は正規の半分ですよというと、びっくりするわけです。ええっ？と。

望月　アルバイトではあまり変わらないので気がつかないんですね。

三浦　アルバイトでもブラックとか賃金不払いはあるんですが、労働法を知らないので、大人の社会はこういうものかと思って適応してしまう。

望月　「みんな一緒」と、何か怖いですね。

三浦　就職活動を見ていても、リクルートスーツは黒一色でしょう。金融機関を受験するなら、黒が無難ですよとアドバイスされると、みんなそうする。他の会社でも同じように。どうして黒なのと聞いても、お店に買いに行ったとき、一着しか買わないのなら黒なら安心、全員同じだからと。この圧力ってすごいですね。

30年前はいろんなバリエーションがありましたね。紺、グレー、茶とか。

望月　何か生きづらくないですか。外れたからって何もおこらないはずなのに。

三浦　もし就職で落とされたら、スーツが茶色だったからと思う。逆に茶色で採用した企業があったら、茶色でも採用する企業という社会的なメッセージになります。

企業がクールビズをやっているとき、クールビズでいいといくら書いても、これはワナだろうと、本当にその格好で行く人はいないと聞きました。

望月　取りあえず、ワナではない無難なものとなるのですか。流れに身を任せる若い人に、もう少しいい政治はこうなのですよと教えるのは難しいのでしょうね。

三浦　やはり比較することで、今と違う選択肢があることを見せる必要があると思います。他の国はこうだとか、オルタナティブがあり得るということ。もっと良い社会があると、そのために比較政治学という学問があるくらいです。

わたしの授業で、そういう方法を提示すると、自分より下の国を見て、人権問題など中国よりましではないかという反応が出ることもあります。日本が批判されると、自分が批判されているように思うところが、幼いですね。

100パーセントいい社会なんてあるわけではないのだから。別の国と比較して、日本はどうあるべきかと検討していく必要性を話すのですが、伝え方を工夫していかないと、単に反日レッテルで終わってしまう。

望月　それぐらい、自信がないということでしょうか、学生たち自身が。

日本の若者たちの自尊感情は圧倒的に低いです

三浦　実際に、高校生、若者を対象とした意識調査を国別に見てみると、日本は自尊感情が圧倒的に低いです。とくに18歳で下がるんですよ。要は受験ということだと思います。受験の圧力は、18歳人口が減っている今の方がかつてよりはるかに弱まっているはずですが、浪人が減ってきて、心理的プレッシャー自体は変わっていない、あるいはむしろ強まっているのかもしれません。理由はどうであれ、日本の若者の自尊感情が低く、マイナス評価をしがちなので、自分はここが得意ということを見出しにくいのかもしれません。ある種、決まった画一的な基準の中に自分を置いている。

望月　収まっていることが大事。

三浦　そうそう。マイナスがどれだけ少ないかということになると、誰だってマイナスの部分があるから、結局、誰も自分のことを好きになれないという結果に陥ってしまう。これも社会の問題として捉え直し、もっと自分を好きになって、ありのままでいいよというメッセージを出していく必要があると思います。教育現場で、小さいときからやる必要があるでしょう。

望月　自尊感情が低いというのは、どうしてそうなるのでしょうか。

三浦　親が条件つきの愛情を与えている可能性はあります。親のいうことを聞き、期待にこたえている子はいいけれども、そうじゃない子はだめ、という条件付きの愛情だと、子どもは勉強ができないと愛してもらえないと思ってしまう。それは本当の愛情じゃないから、自尊感情は育まれない。成績がよくても爆発しちゃうことがあるのは、そういう事情が隠れているのではないかと思います。

カウンセリング業界の人からは、今の子たちは、ゆとり教育の後、親が過剰適応して、塾にいかないといい学校にいけないと思って、いっせいに塾に行かされるようになった世代だと聞きます。そこで過剰適応した親の期待に過剰適応した子たちが、来ているんですよと。だから、中学生のときに当然あるべき反抗期がないまま、仲のいい親子のまま大学生になってしまい、今になって反抗期を迎え、自立しようともがいているんです、と。

望月　中学生日記とか金八先生みたいなのが、大学生になった今ですか。

三浦　大学の先生に中学生の教員免許が必要な時代になってきたのかもしれません。まじめな先生は悩んでいます。学生のメンタルな問題に対処しなくてはならず、自分が研究者として学んできたことを教える以前の段階だと。　それでも大学で大人になればいいのですけれども、社会人になっても、朝、親が起こす。親が人事に電話して、「今日、息子はカゼで休みます」という。

望月　一体いつ自立するんだ、ですね。

三浦　過剰適応した親と、それに過剰適応する子どもたちの話は、確かに腑に落ちるところがあります。それは本当の愛情じゃないから、いくら表面的には仲のいい親子に見えても、ありのままの自分が受け入れられているわけではないので、自立した人間になる機会を奪われてしまっている。

望月　親と子が過剰適応してきて、結局、子どもの自己、自尊心が奪われてしまっている。

三浦　そう、抑圧されている。そういうことなのかもしれない。そう考えると納得というか、思い当たる節はたくさんあります。

女性が入ることで、いろいろなことが変わる

望月　女性が入ることで、いろいろなことが変わるだろうなと思いますか、どうですか。

三浦　思いますね。ただ、ある程度数がないと、議会に入った女性は男性化せざるを得ません。生き残れないと思ってしまって、過度に男性化していくわけです。男性とそっくりに振る舞うようになるか、男性に受け入れられるような女性になるか、二つの道しか用意されていません。ですから最低でも3割、理想的には4割〜6割の間で、男女均等になっていくことが、とても重要だと思います。

女性が入るとなぜ変わるのか、なぜ希望が持てるのかというと、女性はアウトサイダーだからです。

アウトサイダー（外側から）の視点が入ることによって、今とは違う新しい発想へと社会が開かれていく可能性が出てくる。アウトサイダーの人が少人数だと、インサイダーに取り込まれて、変革が生まれにくくなります。

今の女性の増え方では、せっかくの女性のアウトサイダー性が生かせていないですね。それは数が少なすぎるからなので、やっぱり一気に増えていく必要性があると思います。

望月　去年（2017年）の衆議院選挙のとき、ある党の幹部は比例区に全員女性をと提案しようと思っていたようですが、各選挙区で激戦が予想されるなかで「逆差別といわれかねない」との懸念で、そうならなかったと聞きました。

三浦　やっぱり地方議員を育てないと。

望月　地方議員から、もっと上がっていく。国会議員を支えるのは、地元の地方の市議や県議でもありますからね。

三浦　地方議員向きの人と、国政向きの人と、いるとは思うんですけれども、地方議員が増えてくると、そこで経験も積むわけだし、そこからリクルートできる、母数が増えるわけです。だから、まずは地方議員を育てていくことが、遠いようで早いと思います。

政権交代が起きないと、結局、国政は現職優先になりますから、自民党がしばらく政権に就いているなら、女性議員は頭打ちになってしまいます。ただ、そのうち、男性議員が大量に引退する時期が来るので、そのタイミングで自民党がうまく女性を増やせるかが、ポイントですね。あるいは、政権交代が起きれば、一気に増える可能性があります。

望月　政権交代のタイミングですよね。

三浦　立憲民主党ないしは、そのときの野党第一党がちゃんと女性を擁立できるように、今から地方議員を増やしていって準備をしていけば、5年とか6年先に変革できるんじゃないかと思います。

今も、日本で女性議員の比率は、衆議院が10パーセントですが、参議院は20パーセントです。クオータ制を導入なしに20％というのは、結構頑張っているといえます。

供託金制度は、新しい政党の出現を阻害します

望月　立候補の足かせになるものとして供託金300万円というのがよく話題に出てきます。衆議院小選挙区、参議院比例代表では300万円、比例代表単独では600万円など、確かに高い。

三浦　国政は政党が払うから、供託金がネックになっているわけではないでしょう。供託金制度はむしろ、新しい政党の出現を阻害する要因になっています。政党助成金をまだもらっていない段階で、ある程度の候補者を立てるのは、新党には大きな壁です。つまり、市民社会から政党をつくるハードルが高い。ほかの国は、こんな高い供託金は課していません。

望月　結局、なるべく民主的にしたくないという制度がここまで残っているだけのことなんですね。もうそんなことに意味はないから、やめてしまいましょう。引き下げるのが当然だと思いますね。

三浦　そうですね。立憲民主党に寄附が集まったのは、本当に新しい動きです。今まで、日本には寄附文化がなく、ましてや政治家に寄付する文化は希薄でした。枝野幸男さんは裸一貫で出ちゃったので、自分が支えなきゃ、という人がたくさん出てきて、実際どんどん寄附が集まりました。これは立憲民主党が生んだ新しい政治文化の兆しだと思いました。

望月　自分たちのかわりをやってもらうのだから、自分たちはお金を出して、その人たちを雇わなきゃいけないぐらいの発想になれば、お金も集まる。

三浦　そうですね。そういう方向になっていくと思います、徐々にでしょうが。

独立メディアが空気を変えます

望月 韓国では、2012年に「ニュース打破*」（ニュースタパ）というネットの独立系メディアが立ち上がりました。

つまり、政権べったりじゃなくて、本当に独立して、まさに政治権力をチェックするようなメディアをつくろうと立ち上げたんです。月々2000円で、4万人の人たちが加入していて、ずっと続いてるんです。だから年間5億円ぐらいの資金をつかって、独立系番組ができている。

日本も今、早稲田クロニクルなどがそんな感じのことを試みていますが、4万人にはほど遠く、クロニクルに関わる記者たちは「その資金力は、すごくうらやましい」といっています。市民の側も、政治家を自分たちの手で育てるんだ、メディアも自分たちの手で育てるんだという意識が必要ですよね。メディアの側にも、このままじゃいけないなという意識を持っている人はいます。

そうなってくると面白いし、変わっていこうとする空気ができるのかなと思う。

三浦 ＩＷＪとか、OurPlanet-TV（アワプラネット）もそのひとつですね。

望月 そうそうそう、ＩＷＪなんかいつも資金不足で「支援してください」と寄付を募っています。でも、あそこまで徹底的に忖度なき報道を続けるのはすごいじゃないですか。あれが韓国だったら、もうみんなが頑張れ頑張れと応援しているのではないでしょうか。

ＩＷＪは地方に行くと、応援サポーターが講演会の録画をとってくれる。広告を取らないでやるＩＷＪを、サポーターたちが応援しているということはあります。それでもやっぱり資金は不足していると聞きます。サポーターは５０００人程度らしいですが、韓国やアメリカなどに比べてわたしたち国民の側に、スポンサーに頼らない独立系メディアを育てたいという意識が弱いのではと感じます。

三浦　これから変わっていくでしょうね。

望月　そうですね、少しずつ。メディアは双方向になってきていると感じるようにはなりましたし、ＳＮＳなどを通じて、市民の目線や思いを感じやすくなりました。

モノにではなく体験にお金を使う、へシフト

三浦　お金の使い方も、若者を中心に、モノにはあまり使わなくなってきて、体験に使うようになってきたといわれていますね。メディアも、自分で何か、参加型、ちょっと参加できる仕組みがあったりすると、そこにお金が動いていくんでしょうね。みているだけだと、お金

＊：「ニュース打破」は、調査報道専門の独立メディアとして、２０１２年に登場。当時の李明博政権が、政権に批判的な報道を行うメディアに対して強硬姿勢を取ったことで、メディアから解雇された記者たちを中心に設立された。

は出ないかもしれないけど、自分も撮りに行けるとか、サポーターになれるとかですね。

望月　そういうほうが逆にいいのかもしれない。

三浦　お金を、何に使いたいか、モノから体験へと移っているなら、社会運動への参加がポジティブに捉えられるようになるかもしれません。人に見せびらかすような顕示的消費の時代から、自分の身体感覚に根ざした体験型参加の時代へのシフトは、「癒し」を求める空気にも見て取ることができます。大量生産大量消費には疲れたし、背伸びするのも飽きた。これは必然的な変化のようにも思いますが、他方で、社会がここまで分断している状況で、それぞれが自分の体験しか信じないようになると、どうやって共通理解を生み出し、連帯を実現するのか。安直なナショナリズムに回収されないような、社会の繋がりをどう築くかは重い課題だと思います。

望月　ありがとうございました。財務省の福田淳一前事務次官のセクハラをテレビ朝日の女性記者が告発したことによって、「嫌なことには嫌だと声をきちんとあげよう」「男性中心の社会の在りよう、女性の人権に対する男性の政治家たちの意識の低さに声をあげよう」という思いが、女性記者はじめ、社会で働く女性や女性の政治家たちを中心に、いま集まりつつあります。欧米で盛んになった #MeToo、#WeToo 運動がいま日本で再燃しているようにも思います。女性の人権意識の向上、権利獲得のために、しっかりと声をあげ、いまだに日本社会全体にはびこっているセクハラ・パワハラへの問題意識の低さを少しずつ変えていく必要があるでしょう。女性男性を問わず、ゆるやかに、でも確固とした強い意志の下に団結し、社会や政治を少しずつ動かしていくことが求められていると思います。

「先生、政治活動って悪いことなん?」
子どもたちは、自分で考えはじめている

――「慰安婦」問題を教え続けて

公立中学校教諭
平井美津子
&
望月衣塑子

平井美津子　　　　　　　　　　望月衣塑子

日本の歴史というのは、そもそも女性を置いてきぼりにしてきたものです

望月　平井さんは公立中学校の社会科の授業で、子どもたちに、「慰安婦」問題を含めた日本の加害の問題を教えていますね。このことへの抗議として、在特会（在日特権を許さない市民の会）が、わざわざ学校に乗り込み、校長のところまで来て攻撃を仕掛けてきています。こういうことがあると、大抵の人はひるむと思います。でも、平井さんは、その後も「慰安婦」の授業を続けていますね。たび重なる攻撃にも屈しなかった、その原動力は何なのでしょうか。

平井　日本の歴史というのは、そもそも女性を置いてきぼりにしてきたものですね。歴史の教科書を見ていて、女性が登場してくるところはとても少ないです。強い女性だということで、卑弥呼とか北条政子とかがやけにクローズアップされるけれども、それ以外はほとんど出てこないのですね。「女性は出てけえへん」ということが、自分が歴史をやりながら、すごく引っかかっていたことです。

戦争中、存在が認められているのは国防婦人会など、戦争に協力した女性でした。あとは「靖国の母」です。自分の息子が死んで、それでも涙を見せず、「お国のためにうちの息子は戦って、家の誉れです」という。本当は泣きたくても、泣けなかったわけでしょう。

それでも、立ち上がった女性たちはいます。「慰安婦」のように性を蹂躙された女性もい

ます。そういう人たちの存在を伝えて初めて、戦争の実相がわかるのではないかというこだわりはありました。

望月　社会の先生になりたいと思ったのは、そうしたことを伝えたいと思ったからですか。

平井　元々は、単に歴史が好きだっただけです。大学で研究対象にしていたのは、平家政権のことなどです。教員になり、学校で教える中で、英雄史観みたいな歴史ではなく、市井の人たちがどんなふうに暮らして、どんな社会を求めようとしたのか、教科書に載らない部分を、自分で掘り起こして伝えたいと思うようになりました。

望月　「慰安婦」の授業を本格的にやり始めたのはいつごろですか。

平井　1997年にすべての中学校の歴史教科書に「慰安婦」記述が登場したころからです。1991年に金学順さんが登場した朝日新聞の記事を子どもたちに見せて、こういう女性が名乗り出たよといって授業をしました。

望月　金学順さんの生の言葉を聞いて、ダイレクトに衝撃を受けた。

平井　そうですね。それまで、元「慰安婦」の女性たちは名乗り出てくるんだろうか、難しい問題だなと思っていました。性暴力というのは、時がたっても、なかなか女性たちがいえないことじゃないですか。いえないのをいいことにして、なかったことにしようというムードが、そのころからありました。一方で、中曽根元首相が自身の著書の中で、慰安所をつくったと書いてもいましたね。だから、元「慰安婦」の女性たちが証言したときには、もう誤魔化しはできないなと思いました。

望月　そういえば最近、橋下徹元大阪市長も、市長時代「米兵はもっと風俗を活用していただきたい」という趣旨の発言をしていましたね。戦時は慰安所、今は性風俗、時代が変わっても同じような発想が続いているなと感じさせられます。

平井　戦争中、女性の役割は明確に分けられていましたよね。家庭を守り子どもを育てる良妻賢母としての女性と、性によって男性に奉仕する女性と。

彼らはわたしのつくったプリントの開示請求をしてきました

望月　平井さんは、「ナヌムの家」などを訪れていますね。

平井　そうです。金学順さんのお話は、直接ではなく、テレビで見ていましたけれども、「ナヌムの家」のハルモニたちが日本に来たときは話を聞きに行きました。

韓国のナヌムの家に行ったのは、学校に在特会がやってきて騒ぎになっていた最中です。彼らは、わたしが金学順さんのことなどを書いた授業プリントを持って、「こんな嘘つきババアを授業で扱うとは何や」と、詰めよってきました。教頭が話を聞いている間中、彼らはビデオ録画をしていました。

その後、学校ではらちがあかないということで、在特会は教育委員会に行くわけです。こういう授業は偏向している、学習指導要領に基づいていない授業をさせていいのかと。けれど、教育課程の編成権は学校にあります。教育委員会としては、そこで間違っているとか、是正するなどということはいえません。結局、彼らはわたしのつくったプリントの開示請求をしてきました。学校で私たちがつくるクラスだよりや授業プリントは、公文書として全部開示請求できるんです。

韓国に行ったのは、そういうやりとりをしているさなかです。不毛なやりとりで、自分自身をすり減らしたくない、ハルモニたちに直に話を聞きたいと思い、夏休みだったので、思いきって休暇をとりました。

望月 ハルモニたちに会いに行ったんですね。

平井 「ナヌムの家」で、一番最初に声をかけてくれたのが、ペ・チュンヒハルモニでした。とてもおしゃれなかわいらしい人でした。ハルモニは「大丈夫、大丈夫」といってくれて、何か、ハルモニの話を聞くというより、わたしの身の上話を聞いてもらいました。気持ちはめげていましたけれども、ハルモニたちに会ったら、元気が出てきたんです。

翌年、市議会議員が議会で取り上げました

平井　韓国から帰国した後、わたしを攻撃しに来た在特会の人たちが、京都朝鮮人学校襲撃事件とのかかわりで収監されたんです。よかったなと思っていたら、翌年、市議会議員が、開示されたプリントをもとにこれを議会で取り上げました。これは学校が大変でしたね。在特会の攻撃とは違い、議会での質問にはこたえないわけにはいきません。わたしは何回も、校長から、どんな授業をしたか、これはどういう本に書いてあるのかといったことを聞かれました。議会では、教育委員会の人が答弁をします。わたしの名前は、議会では挙がらず、「ある中学校の、ある教師」としかいわれません。その回答は議事録にも残っています。

望月　教育委員会や学校などから、「慰安婦」についての授業をやめろということはないのですか。

平井　ないですね。校長も正面から、「やめてくれ」とはいえない。それをいったら、わたしは職場で問題にしたでしょう。

わたしは校長に、一連の攻撃について、職員会議で教職員全員に伝えてほしいといいました。そして、私自身からも、教職員に向けて話しをしました。

「わたしは歴史の教師として、ねつ造・歪曲されたことを教えたり、自分自身が物事を歪曲して教えているつもりは全くありません。過去の歴史研究の中で、これが定説だと認知されたことを教えています。1997年の教科書には、すべての教科書に「慰安婦」の記述がありました。しかし、さまざまな圧力のもとで、教科書会社が萎縮するような形で記述がなくなりました。「慰安婦」の方々がいたこと、日本軍によって、日本軍や軍の業者が設置した慰安所の身の自由もない状況で、性的なことを強要されていたという事実は間違っていないのです。真実を教えることが攻撃されるということは、ほかの先生方の、どの教科についても、攻撃される可能性があるということです。わたしだけの攻撃だと思わずに、この問題を考えてもらいたい。そのためにわたしは今こうやって話しています」といいました。

それを聞いた、ある新任の男の先生が声を挙げてくれました。

「平井先生を守れなかったら、僕たちも同じ攻撃を受けます」

「平井先生がいうことはもっともです。平井先生を守れなかったら、僕たちも同じ攻撃を受けます」。

勇気がいっただろうなと思います。今、職員会議で教職員の声はなかなか出てきません。新任の先生は、半年ほどは試用期間の場合が多いので、いいたいことがいえません。すごくうれしかった。やっぱり自分だけの孤軍奮闘じゃ悲しい。身内に1人でも、「そうやな、平井先生」と共感してくれる人がいたら、やっていけると思うじゃないですか。

望月　職員会議の場ですよね。その新任の先生以外の反応はどうでしたか。

平井　みんな黙っていましたね。だけど、終わってから、何人か「平井さん、大変やったよね」、「校長先生、もっときちんと説明してほしかった」といってくれました。

今は、学校の教職員自身がものをいえなくなっているなと感じます。学校の中が、文科省、教育委員会、校長と、上意下達が強まってきているんです。

ひとつの学校がまず攻撃され、市全体の教育が攻撃された

望月　やはり、2006年の教育基本法改正の影響でしょうか。

平井　それはきっと大きいでしょうね。石原都知事の時代に、東京では、職員会議は校長からの伝達事項のみ、議論をする場ではないというようになっていきました。それが今は全国的に広がっているような気がしますね。若い先生たちの中には、校長や教育委員会のいうことに従うのが当たり前と思っている人が多いです。

もっと昔の話をすると、実は、過去にも1度、私の前任校が、在特会に性教育バッシングを受けているんです。

私の勤務する市は性教育の先進地域で、性教育の副読本をつくっていましたし、積極的に性教育を行う女性の先生がいました。その先生をやり玉にあげて、「なんでこんなエロ教育

をするのか」といって在特会が乗り込んできました。このときは、山谷えり子議員が国会で、この副読本の内容を指摘して、「こんな教育をやっている地域がある」と激しく批判したんです。市教委は、副読本を全部回収しました。そして、性教育はストップしました。東京の七生養護学校が攻撃を受けた時とほぼ同時です。

ひとつの学校がまず攻撃され、市全体の教育が攻撃された。わたしの攻撃も、同じパターンだったわけです。性教育のときは在特会を学校の中に入れてしまい、学校が混乱しました。今回も同じでした。外部の人間だとわかっていても、「保護者」あるいは「保護者の関係者」といわれてしまうと、学校は入れないわけにいかないのです。

望月 今は、先生を応援してくれる人もふえたんじゃないですか。

平井 それはあります。ただ、「慰安婦」についての授業をしている教師はほかにもいます。私しかしていないと思われるのも困ります。「慰安婦」問題を教えている教師は結構いるんですよ。でも、教育委員会や校長をはじめ様々な圧力がかけられて、いちいちプリントをチェックされて授業がしにくくなっている教師もいます。わたしが攻撃されている理由の1つは、わたしが自分の名前や顔を出して実践を発表したり、活動しているからでしょう。

望月 先生の授業については、以前、テレビで報道されているのですね。

平井 日本テレビの「NNNドキュメント」という番組で、1997年に放送されました。このときも、右翼の攻撃を教頭が心配していました。でも夜中の番組だったし、どこの学校の先生かわかる形では出なかったので攻撃はなかったです。

望月　先生のような人をつぶしてはいけないという応援もあるということは、学校や教育委員会も認識しているのですかね。

平井　私の勤務する市の教育委員会は、それなりの良識をもって現場教師を守ろうという意識はあると思います。そういう攻撃に屈するということは、学校現場の自由な教育課程の編成を保証できなくなるということで、教育委員会にとっても汚点をつくってしまうことになるからです。

本来は、文科省がそういう良識ある判断をすべき、一番重要な砦なんですけどね。

在特会が攻撃をしてきたときは、やっぱり私自身も心配で、法的な問題になる可能性もあるので、教職員組合を通じて弁護士さんに相談をしました。怖かったのは、名簿を見て、わたしの家に在特会が訪ねてきたことです。たまたま引っ越しをしていたので、その名簿の住所にわたしはいなかったんです。在特会が行ったら違う人間が住んでいた、「平井は住所まで誤魔化している卑怯者だ」とまた書かれてしまいましたけれども。

メールアドレスは何かの形で知ったようです。「平井先生、折り入ってお話ししませんか」というメールが来ました。添付ファイルで、彼らがまく予定だというチラシがついてきました。さすがにぞくぞくふるえがきて、身の危険を感じましたね。警察にいっても、「帰るときは誰かと帰ってください」という程度で、何もしてくれませんでした。

「先生、政治活動って悪いことなん？」

平井　ひとつおもしろいことは、最近の子どもたちは、習っている先生の名前を全部ネットで検索するんですね。わたしが中1の担任になったときに、「いろんな先生の名前を検索したら、ほかの先生は何も出てこなかったのに、平井先生はいっぱい出てきた。平井先生は政治活動をしているって出てきた」というのですね。

「そうか。政治活動って、何やと思う？」と聞くと、「何なん、先生、政治活動って」。子どもらは、素直やから、そんな話をしてきたりします。

「先生、政治活動って悪いことなん？」

「別に悪いことちゃうで、みんなのお兄ちゃんやお姉ちゃんとかで、私立の学校に行ってて、私学助成の署名とかやれへん？」

「やってる、お母さんとかやってるで」

「あれもいってみれば政治活動やねんで、私立の高校とかに対して国はちゃんと助成金を出して欲しい、みんなが教育を受ける権利を保障してほしいということを、市民が政府とかに要望するわけやろ。わたしら市民って、国会に行って何か話し合ったりできへんやん。そのために、わたしたちの思いや願いを代弁して法律をつくったりしてもらうために、国会議員を選んでるわけやろ。選挙に行って国会議員を選ぶっていうのも、広い意味での政治活動だと思うよ」

「生きていく中で、自分たちがこんな制度をつくってほしい、こういう社会にしたいなと思ったときに、署名をしたりするのも。世の中をよくしたいと思っているやろ。そういう意味では、先生も、みんながいう政治活動してるな。でも、それはわたし自身が、教師としてだけじゃなくて、自分たちが生きてる社会をよくしていきたいと思ってるから。詳しい話はまた3年生の公民の授業でやろうね」

そんなふうに説明すると、子どもたちは素直に聞いてくれますね。

子どもたちが自分なりの政治を考えはじめている

望月　子どもたちが自分なりの思いを持って、授業の中で「慰安婦」の問題も含めていろいろなことをきっちり考えているんですね。自分なりの政治を考えるということをやり始めている。

平井　みんながみんなではないけれど、生徒がよく考えていると思うことはあります。安倍政権が集団的自衛権を認める安全保障関連法案を国会にかけた時、生徒たちは「先生、今安倍さんらがつくろうとしている法律ができたら、どんなことが起きるの？」と質問してきました。授業の中で、専守防衛とか憲法9条にどんな解釈がなされてきたかというのは、教科書にも書いてあるから教えるんですよね。

「今までは、日本は専守防衛といって、〝自衛隊〟と書くぐらいだから、自分の国が何か攻撃された場合に守ることになっていました。普通、けんかは1対1やね。やられて、殴り返す子もいれば、一生懸命逃げる子もいる。自分がやられたから、友だちを引き入れて一緒に戦おうとなるのが、集団的自衛権だよ」というと、子どもらは「それ、あかんよな」といいます。学校では、そんなことをしたらけんかが広がるんやと教えていますから。

望月 そういう説明はわかりやすいですね。

平井 そうです。それで日本とアメリカだとどうなるのか、考えるんです。

「でも先生、集団的自衛権で、日本が一緒に行動する友達って、やっぱ、アメリカなん?」

「そうやな、日米安保結んでるからなあ」

子どもたちは、自分たちが生きていく社会に不安を感じます。

「先生、そんなになったら、自衛隊に行きたい人、入る人は減るよね」とある子がいったんですよ。そうしたら、別の子が「いや、減れへんと思うで」といったんです。

「アメリカの海兵隊はとっても貧困の若者たちのところにリクルーターが、「海兵隊に入ったら奨学金がもらえる、大学に行けるぞ」といって勧誘する。日本もああいうふうになってくるで。こんだけ貧困が進んできたらそうちゃうか。自衛隊に入って、いろいろ資格が取れたり、奨学金がもらえるといわれたら、大学に行けない人は入る可能性あるやん、そうなるかも」

鋭いなあと思いました。社会の真実を教えていく中で、子どもたちは、やっぱり真剣に考えていくわけですよね。

教科書には、閣議決定や政府見解を書くようにという圧力がかかっている

平井　教科書には今、閣議決定や政府見解を書くようにという圧力がかかっているんです。教科書検定の基準をつくっているのは文科省です。この基準に基づいて、教科書会社は学習指導要領にのっとった教科書をつくっていく。その検定基準に関して、安倍政権のもとで、政府の縛りが強くなっています。

文部科学大臣が、２０１３年11月15日に発表した「教科書改革実行プラン」には、「閣議決定その他の方法により示された政府の統一的な見解や最高裁判所の判例がある場合には、それらに基づいた記述がされていることを定める」ということが、項目として入っています。

閣議決定を書くということは、政府によって教科書の記述が変えられることになる。特に社会科がどういう教科書になってくるのか、ますます不安です。そうして作られた教科書を使いながら、子どもたちにどれだけきちんと今の状況を伝えていけるか。社会科の教師の重要な使命だと思います。

望月　かつて「慰安婦」記述はあったということがわからないような、若い世代の社会科の先生たちの中には、そうやって採択された教科書をうのみにして、そのまま授業をする先生が

ふえてしまうのではないでしょうか。

平井　歴史、経済、法学、経営といろいろな学部がありますけれども、そこで取れる免許は社会科になります。社会科の教師だからといって歴史に精通しているわけではありません。

恥ずかしい話、教科書だけを見て歴史をきちんと教えられる先生は、特に若い先生では減っています。1冊1万円ぐらいする指導書には、懇切丁寧に、授業の展開や板書例なども書いてあります。その指導書で一生懸命、授業をやっている先生もいます。

安倍さんたちが使ってもらいたがっているであろう育鵬社の教科書の指導書には、教科書には書けないようなことがいっぱい書いてあります。それをそのまま使って指導にあたる先生たちの授業はどんな様子なのかとても不安です。

望月　神奈川県横浜市は育鵬社ですよね。

平井　育鵬社の教科書を使いながら、一生懸命、必要な部分を補って授業を工夫している先生もいます。とてもパワーのいることです。「ちょっとこの記述はおかしいから、こういう説明をしよう」というやり方をしなければいけないですから。

望月　それは、市教委やその学校の校長方針に反するという形になるのでしょうか。こんなものをなんで使うのかと、まっとうな社会科の先生は考えるだろうと思います。本来は現場で教える先生たちが教科書を選べるはずですよね。

平井　おっしゃる通り現場の教師が教科書を選べるようにすべきだと思います。でも現状は、

1つの自治体で教科書が採択されたら、その自治体のすべての学校がその教科書を使わなければならないんです。

安倍さんが政権の座から離れているときに何をしていたかというと、2012年2月に教育再生タウンミーティングin大阪に大阪維新の会の松井一郎大阪府知事とともにパネラーとして登場しています。教育の市場化、知事を頂点に教育委員会・校長・教頭・教師をピラミッド型組織に組み込む制度づくりを大阪維新の会が推進していることに強い共感を持っていた安倍さんと、松井知事や橋下大阪市長（当時）は急速に接近していきました。ちょうど森友学園との関係が作られるころのことです。そして、自民党内に「教育再生実行本部」を作りました。

望月　教科書検定制度や教育委員会制度の見直しも進めていくんですね。

教育委員会もリベラルであっては困ります

平井　そうです。でも、現場教師の声を吸い上げるような形の教科書採択の仕組みでは、育鵬社の教科書はなかなか挙がりません。だから、検定や採択の仕組みをより民主的でない形、現場教師の声を聞かずに教育委員会が決める仕組みに変えようとした。そして意に沿わない教員たちを「日教組に洗脳された左翼教師」として、教科書選定から排除するような流れをつくっていったわけです。

安倍政権にとっては、教育委員会もリベラルであっては困ります。だから、教育委員たちの使命権限は首長が持つことにしました。首長が、自分のお気に入りを選ぶ、選ばれた教育委員が、首長の意向を忖度しながら物事を決めていくという筋書きです。

こうした「改革」をいち早く行ったのが大阪市です。

望月　それは何年ですか。

平井　二〇一三年のことです。

大阪市では、8つあった採択区が1つにまとめられてしまいました。橋下市長が選んだ、フジサンケイグループなどとつながっている人間を教育委員に使命して、現場の声は全く無視し、そのメンバーだけで育鵬社の教科書をとったわけです。横浜などもそうです。

育鵬社の教科書を子どもたちに手渡すために、どういう制度をつくったらいいかということを、いろいろ考えながら、この間、安倍さんはやってきたわけです。

集団的自衛権や9条改憲の問題はマスコミでも注目されますが、教育というのはなかなか注目されないですね。教育が変わるとどうなるのかということは、わかりにくい。

戦前、教育が大きく変わったきっかけは教育勅語です。安倍さんは、国民を変えるには、教育からだとわかっているんですよ。イエスマンの子どもをつくっていかなければいけない、だから「道徳」なんですよね。

日本教科書株式会社は、道徳専門の教科書会社です

平井　今年3月末に中学校の道徳教科書の検定結果が出ました。中学校の道徳教科書では8社出てきていて、すべてが合格しています。今回、わたしが非常に心配しているのは、日本教科書株式会社という会社が出てきていることです。わたしは育鵬社が道徳教科書を出すのではないかと心配していたのですが、出しませんでした。そのかわりに、出てきたのがこの会社です。ウェブサイトでは、道徳専門の教科書会社とされています。

日本教科書株式会社は、晋遊舎という会社に住所を持っています。元在特会の桜井誠氏の著書や、『マンガ嫌韓流』などをつくっている会社です。そこの子会社が「道徳」の教科書をつくっているのです。

望月　そんな会社がそもそも、教科書採択に入り込めていること自体がすごいですね。一応、文科省の審査を通っているわけですよね。

平井　教科書会社としての体裁が整えば、検定本を申請できるんです。

「道徳」は小学校では二〇一八年、中学校では二〇一九年から教科化され、子どもに成績がつきます。そのためでしょうか、いろいろな教科書に「自己評価欄」があるのも特徴ですね。

安倍さんたちは、日本の加害の事実を否定する歴史教科書、日本の平和は自衛隊と日米安

保が築き上げてくれたという公民教科書、そしてまさしく教育勅語のような礼儀を重んじて日本の国を愛せる子どもをつくる道徳教科書の三つどもえで、子どもたちをすくすくと、政府のいうとおりの子どもに育てていこうと思っているんです。改憲をしたい、戦争をするような国に持っていきたいというときに、「戦争は嫌だ」という子どもにならないようにしたいわけです。

「あの戦争は、日本を守るために立ち上がるしかなかったんだ、自分たちも、もし北朝鮮や中国がやってきたりしたら守らなければ」という子どもにならないと、戦争を始めても誰も協力しないですよね。

望月　だから、安倍さんらの政策の根底にあるものは、教育。森友学園があああいう形でできなくなったのはとても残念でしょうね。

平井　森友学園のような学校をつくることはできませんでしたが、安倍内閣は２０１７年に「憲法や教育基本法等に反しないような形で教育勅語を教材として用いることまでは否定されることではない」という閣議決定をしています。教育勅語は、戦争をやりきるために、国民を臣民に作り替える洗脳教育の大本となったもので、戦後は衆議院で排除の宣言を、参議院で失効の確認をそれぞれ決議されています。そんな教育勅語を教えること自体が日本国憲法や教育基本法に違反します。安倍総理がいかに戦前に回帰したいかが表れていますよね。

望月　「お国のためならやります」というマインドですね。

バーを和解の象徴として記憶し続けてくれることを私は願います」という耳障りのいい部分だけが抜粋されています。これだけを読んだら、安倍首相が平和を誓い、日本の戦争を反省しているかのように見えます。

本当に政権の意向を忖度しているというか迎合していると思いますね。最後は「記憶し続けてくれることを私は願います」で結ばれています。何を記憶するのでしょう?都合のいいことだけを記憶して、都合の悪いことは記憶しないというのが、安倍政権の姿勢だと思います。過去の歴史上の政治家ならいざ知らず、現職の政治家の演説を道徳の教科書に使うことには首をかしげざるを得ません。昨年の教育出版の教科書に掲載された安倍首相の写真も話題になりましたが、こちらの方が大きな問題です。

望月 わたしたちからすると、一番道徳から遠い人が道徳の教科書に登場しているんですね。

『ライフロール』では、妻の役割は育児と家事と介護です

平井 私が一番腹が立ったのが、これ!『ライフロール』という教材です。営業職の父、管理職への昇進の話が来ている母、大学生の姉、中3の私、小5の妹の5人家族。近くで一人暮らしをしている祖母が体調不良になり、病院への付き添いをどうするかと家族の朝からのやり取りを聞く私。

「無理だ。お前頼む」という父、母も「上司と会う約束が」、姉も「大学のゼミが」。

ただ事じゃない雰囲気に私が口を挟むと、父は「お前は心配しなくていいから早く学校へ行きなさい」。結局、母が上司に電話をします。「私には他の役割がありそうです」。母は上司から昇進を打診されていたのに、断らざるを得ませんでした。姉は「この状況じゃ仕方ないでしょう」といいます。私にとって母は母でしかなかった。私の知らないところに存在する母の役割などこれまで考えたこともなかった、という内容です。

望月　一家の中での母親の役割が育児、家事、介護ですか？　いったいいつの時代の話？　ですね。

平井　設問は「お母さんの決断を知った主人公は、なぜ複雑な気持ちになったのか」、「あなたの人生にとって、あなたが担う役割にはどんなものがあるか考えてみましょう」となっています。ここでは、母の選択は当然視されているんです。

母の選択について話し合ったり、父や姉の態度から、より良い選択はないのかを考えさせるような設問こそ必要じゃないですか。望月さんも小さなお子さんを持ち、同じ業界のパートナーといろいろと協力しながら一線で働いておられると思います。もしパートナーが「子どものことは妻がやるもんだ」なんていったらどうですか？

この『ライフロール』を読んでいると、妻の役割は育児と家事と介護なんです。たとえバリバリ外で働いてても、結局はそこに行きつくんですよね。わたしたちが目指すべき社会にまるで逆行してます。

わたしたちはそれぞれ一人の人間として生きています。人生の時々で、役割が違ったり、多様な役割があり、その役割は自分が選択するべきもののはず。誰かからその役割を押し付けられるのではなく、互いに家族が話し合い理解し合いながら、協力しあって家庭生活を営むことこそが大切なんじゃないでしょうか。でもこの日本教科書は違うんです。わたしなら、「本当にこの状況じゃ仕方ないのでしょうか?」という設問を用意して、話し合わせてみたいです。

望月　家族の役割分担の見直しを考えるなかで、固定化されたライフロールを疑うという目線でこの物語を見ることができれば、使える教材になるかもしれません。このまま使うとすれば、ジェンダー平等の視点を持てずに、「母は家庭」という役割論が刷り込まれるだけです。

シングルマザーも同性カップルもでてきません

平井　今、安倍政権は憲法24条「婚姻は、両性の合意のみに基いて成立し、夫婦が同等の権利を有することを基本として、相互の協力により、維持されなければならない。」という条文を変えようと思っています。家族で相互に助け合う義務を盛り込もうとしたり、「3歳児神話」を主張するなどして、「夫は外で働き、妻は家庭で子育て」という図式をあるべき家庭像としています。この教科書には、シングルマザーも同性カップルも出てきません。女性に対する見方がとてもステレオタイプだなあと思います。女性たちはこんなに進化してるのに、まったく男性たちや安倍政権はって思いますよね。

望月　安倍政権内部だけではありません。前大阪市長の橋下徹さんや松井一郎大阪府知事は、安倍首相とは本当に仲がいいですよね。歴史認識に関しても似ています。松井大阪府知事は、大阪府警の機動隊員による沖縄の「土人」発言に対する擁護などもしていました。

平井　松井府知事の「土人」発言を擁護するのを聞いて本当に怒り心頭でした。人権感覚もないし、沖縄の人たちが戦争中から戦後に至るまで、どれほどの苦しみの中で生きてきたか。戦争の惨禍を潜り抜けてきた人たちだからこそ戦争を引き起こす基地を二度と作らせないと粘り強く取りくんでいることへのリスペクトも想像力もありません。でも、こういった知事の発言の影響で、世論にも「土人」発言を擁護する意見が現れてきました。毎日放送が、松井知事の発言を番組で批判的に取り上げた時、機動隊員を擁護し、基地反対運動を批判する意見が局に多数届きました。その意見の中にはデマに基づくものも多数含まれていたそうです。沖縄のひとだけでなく、社会的に虐げられている弱者を差別したりバッシングしたりっていうのは、今の自民党や維新の会の政治家の発言に多くありますね。伊藤詩織さんの件もそうですが、勇気をもって訴える女性たちが出てくれれば、バッシングし、うやむやにしてごまかす。「慰安婦」の人たちは商行為をしていたとか、お金をもらっていたとか、だまされた方が悪いっていってるのと一緒ですよね。

金学順さんこそ＃MeTooのはじまりです

望月　2017年、サンフランシスコに「慰安婦」を象徴する「少女像」ができました。これについて、大阪市の吉村洋文市長が、信頼関係が損なわれたと、姉妹都市の解消を表明していましたね。

平井　その件で、わたしたちは大阪市役所にいきました。

「姉妹都市の解消など、そんなことをやるほうが日本の恥、大阪の恥、これから万博をしたいと思っているのでしょう。大阪市長は女性への性暴力に対して鈍感なのだということになります。あの慰安婦像は、決して日本を攻撃したり、日本ってこんな悪い国だというためにつくられたのではない。世界全体の女性への性暴力をなくそうということを表明している像です。それを不名誉だということ自体、逆にいえば大阪として、女性の性暴力を認めることになりませんか。そんな人権をふみにじるような都市で開かれる万博に何の意味があるのですか？」ということを、いいにいきました。

今、安倍さんたちは、海外でつくられる慰安婦像を躍起になって否定しています。駐米大使の杉山晋輔さんも、「わたしがやるべきことは、アメリカで広がっている慰安婦問題の誤解を解くこと。慰安婦は性奴隷ではない」といっていました。

望月　いわされているのでしょうけれども。恥ですね。

平井　安倍政権がやっていることは、世界的な人権尊重の流れから見てもおかしい。「日本の国って大丈夫なのか」と思われていますよね。政府自らが女性の人権を踏みにじっています。2017年にアメリカのハリウッドから始まった#MeTooのムーブメントは、その後世界各国に広まっていったのに日本ではなかなかそういった流れが大きくなってないような気がします。

望月　財務省の事務次官による女性記者へのセクハラ問題にしても、セクハラ行為だけでなく、重要な役職に就く政治家たちが問題発言を繰り返しました。財務省が女性記者に名乗り出るように呼び掛けたり、麻生財務大臣は「(セクハラが嫌なら)次官担当を男性記者に代えればいい」「ハメられて訴えられているんじゃないか」と発言。こうした人権感覚の欠如が、日本政府中に蔓延しています。

平井　これこそが、「慰安婦」問題の解決を遅らせてきた大きな要因だと思います。

　1991年に勇気を出して名乗り出たキム・ハクスンさんこそが#MeTooの始まりだという人が沢山います。彼女の告発以来、長い間沈黙を続けていた被害者達が名乗り出るようになりました。そんな彼女たちに安倍さんらのような歴史修正主義の政治家たちは、「金儲けの手段だった」「売春婦だ」「当時は必要だった」「強制連行はしてない」「当時は合法だった」という心無い言葉を浴びせかけました。元「慰安婦」は、日本軍兵士によって数々の性暴力を受け続けその傷を抱えながら沈黙してきました。しかし、決心してやっと口をひらけば、今度はとてつもないセカンドレイプにさらされる。彼女たちの屈辱や憤りは想像を絶するものがあります。安倍政権が躍起になって「「慰安婦」問題は日韓合意で終わった」ことにしようとしていることは、逆に日本の国際的な信用を落としていることがどうしてわからないのかと思いますね。

望月　日韓合意の10億円基金も、取り消しにはならなかったけれども、日本のメディアの多くは韓国に批判的になりましたよね。外交上決めた約束を政権が変わるごとに破棄してはおかしいと。

前の朴槿恵政権のときは、彼女が10億円で合意してしまった。日本は逆に、たったそれだけでいいのかと驚いたでしょう。

わたしたちのメモリアルは日本の方々を非難しているわけではなく、いままで正義が果たされたことのない人々に正義をもたらすことが目的です

平井　わたしのこだわりは、歴史の現場に行くこと、証言を聞くことです。春休みを利用してサンフランシスコに行きました。「少女像」を作った人たちに会い、その人たちの思いを聞きたかったからです。像の建立の中心メンバーの一人エリック・マー氏は「このような悲劇を経験した女性や少女は、日本占領下のアジアだけでなく現代においてもいます。わたしたちのメモリアルは、日本の方々を非難しているわけではなく、今まで正義が果たされたことのない人々に正義をもたらすことが目的です。『もうすでに日本政府は謝罪した』、という声

を聞くと、心が痛いです。被害者の方達はそう感じていないですし、その意味で正義はまだ達成されていません。ここSFでは、メモリアルは若い世代の教育資源として認識されており、日本を非難するものではありません。ただ、このような暴力が二度と、誰の身にも起きないように、そしてこれからの若い世代が正義の意識をもっていけるように、と願っております」と話してくれました（参考：『サンフランシスコの少女像　尊厳ある未来を見つめて』日本機関紙出版センター）。

望月　今や韓国だけでなくアメリカやカナダなど各地に「慰安婦」像が立っています。それらは、女性たちへの性暴力をこの世から根絶するために、戦時下で起きた性暴力の問題を記憶として残すために建てられているんです。日本政府は、自国に都合のいいことだけを記憶しよう、都合の悪いことは忘れたい、忘れてほしいと考えているような気がします。

平井　忘れないために、わたしたちができることは学校教育の場で教えていくこと。SFでも、日本で中学生にあたる生徒たちに「慰安婦」問題を教えるプログラムを作り、教師用の指導書を作成しているそうです。

わたしも3年に一度しか「慰安婦」の授業はできません。そのたびに、議員などから教育委員会に問い合わせがあったり、議会で取り上げられることも経験しました。でも、決して自分の思いを伝えるためのアジテーションのような授業はしていません。戦争の真実を教えること、そこから子どもたちには考えてもらいたいと思っています。

今の問題としてとらえてほしいから

平井　２０１６年に「慰安婦」の授業をしたときは、沖縄で二十歳の女性が行方不明になって、死体で発見されるという事件があった時と重なりました。私はこのニュースを聞いて、いつまで沖縄でこんな性暴力が繰り返されるのかと本当に怒りに身もだえしました。

授業の時に、日韓合意の新聞記事や「慰安婦」の証言、「河野談話」のプリントなどとともに沖縄で発行された琉球新報などの新聞記事をもっていきました。「慰安婦」問題を今の問題としてとらえてほしいと思ったからです。

子どもたちにしてみれば、なんで「慰安婦」のような存在が必要なのか、ぴんと来ないんです。私は、これを戦時における性暴力として捉えてほしいと思いました。沖縄ではこういう問題がずっと起き続けている。この女性の事件で捕まったのは元海兵隊員。海兵隊員といえば沖縄で人を殺すための訓練を受け、実際に戦地で戦ってくる人々です。

女性に対しても、男性に対しても、自分と同じ人間と思ったら殺せないし、性暴力は振るえないでしょう。でも、戦場に行って、人を人とも思わないことをやって、また沖縄に戻ってきたとき、沖縄で見る女性たちは、自分たちの獲物にしか見えないのではないでしょうか。そういう中で、沖縄の女性たちは、長い間、いろいろな形の性暴力を受けてきたのだよと。

望月　軍隊がいるところに性暴力はどうしてもついてまわる。

平井　日本軍兵士は中国などで現地の女性への強姦事件を頻繁に起こしていました。軍の内部でも性暴力は兵士の元気をつくるのに必要と半ば黙認していたそうです。そして、強姦を防ぐために、慰安所をつくろうとしたんだという話を授業でします。すると女子は言いますね。「先生、その慰安所に入れられてた人って、毎日強姦されてたってことやん。慰安所じゃなくて強姦所でしょ」って。

望月　「慰める」というのは、男性側の発想ですよね。

平井　とても誤魔化している言葉ですよね。「慰安婦」、やはり性奴隷、強姦され続けてきた女性なんですよね。

ナヌムの家では慰安所を再現した場所があります。そこに入ったときは、もう何ともいえない思いをしました。暗くて、狭くて、診察台みたいなベッドがあって、その横に金だらいがあって、タオルがかけてある。こんなところで毎日、毎日、たくさんの男たちに強姦されるなんて……。

実際に「慰安婦」にされた女性は、そのような場所で、だんだん、心が麻痺し、モノのようになっていったと思うし、モノのようにならなければ生きていけなかったでしょう。腹が立つとか悔しい、いたたまれないという気持ちを持ち続けていたら耐えられなかったでしょうね。

日本に「慰安婦像」をつくってはどうか、ドイツには「躓きの石」があります

望月　「慰安婦」に関していうと、日本がアメリカから原爆を落とされたのに、アメリカ大使館の前に原爆像を置くかなどと話す人がいます。

一方で、数こそ違うけれども、ドイツなどは、きっちり「ホロコーストを忘れない」というように、歴史を刻むものを残していますよね。

わたしたちも、犯してしまった戦時性暴力の問題は忘れてはいけない。それは実際に今も世界で続いている問題だからです。どこかに、記念碑などは建てておくべきですよね。

平井　子どもたちは、よく「こういう女性たちって、日本以外にもいてたん?」と聞きます。「ドイツにもいたらしいよ」というと、「ドイツではどうなっているの?」といいます。「ドイツでも「慰安婦」と同じような女性がいたし、名乗り出る人たちがいる。今、調査していると思う。ドイツでは、ナチスのホロコーストがあったよね。現在はベルリンの真ん中に、「虐殺されたヨーロッパのユダヤ人のための記念碑」というものをつくっているよ、日本にはそういうものはあるかな」と聞くと、「ないと思う」と答えます。

ドイツでは「躓きの石」などが有名ですが、日本こそこうしたモニュメントをつくる必要があると思う子どもたちは結構多いですね。日本では、日本人の被害を示すものはつくっていますけれども、加害についてのものはありません。

「慰安婦」だけでなくてもいい、外務省や防衛省の前にこそ、日本が70数年前に起こした侵略戦争によって亡くなられたアジアの人びとを悼むものが必要です。「加害」や「侵略戦争」という言葉を、日本が否定している限り、つくらないとは思いますが。

2015年に内閣総理大臣談話、いわゆる安倍談話が出ました。あれもひどいですよね。「あの戦争には何ら関わりのない、私たちの子や孫、そしてその先の世代の子どもたちに、謝罪を続ける宿命を背負わせてはなりません」といっています。歴史の真実を否定し続けている限り、いくら謝っても一緒ですよね。

望月　世界各地に慰安婦像が出来ていますが、日本にこそつくらなければと思いますね。それだけでだいぶ違いますよね。

尹東柱の碑が宇治につくられました

平井　わたしは仲間内で、ぜひ日本につくろうよといっているんです。難しいけど、どこかにつくろうと。すぐに壊されてしまうかもしれないですけどね。

尹東柱《ユン・ドンジュ》という詩人を知っていますか。立教大学へ留学し、同志社大学で学び、ハングルで詩を書き続けた人です。彼は、治安維持法によって逮捕され、福岡で獄死するのですけれども、その尹東柱の碑が、民間団体によって2017年に宇治につくられました。同志社大学にも碑があります。宇治は尹東柱が仲間とハイキングに来たゆかりの地だそうです。しかし、やはりつくられたときは、在特会が抗議に来ていました。

尹東柱は別にあからさまな反日運動をしていたわけではなくて、ハングルで詩を書いていただけなのです。でも、そういう詩人の碑を建てるだけでもやってくるのですね。さすがに壊しはしませんでしたけれども。

こういった右派は最近、海外でも活動を行っています。サンフランシスコに「慰安婦」像ができるときには、右派の人たちの抗議行動がありました。大阪市だけでなく、安倍政権も、像の建立に抗議をしています。

でも、そんな行動をとり続ける限り、人権を守らない、いまだに性暴力の問題を否定し続ける日本と、世界から見られます。自ら国益を損なうようなことをしてしまっているのです。

望月　２０１７年にＩＣＡＮのノーベル平和賞のフィンさんが来たときも、会うことがありませんでしたね。核兵器禁止条約に批准はできなくてもいいから、せめて会談するだけでも、世界へのアピールにはなりますよね。しかし、１週間来日しているのに、日程が会わないを繰り返していました。核なき平和に対する考え方はどうなのか、世界から注目して見られているときに、完全に人権後進国的な発想でしか考えていないのだと思いました。

平井　安倍政権になってから、人権の問題は非常に後退し、世界の人たちと手をつなぐのがとても難しい状況になっていますね。日本の人たちの中で、自分たちが社会を変えていくのだという意識をもっと持っていく必要を感じます。

望月　日本は戦後、天皇制を解体されずに、象徴制になりました。そのせいか、自分たちの力で民主主義を勝ち取ったという意識が薄い。むしろ天皇制が解体されて、まさに自分たちで国をつくるのだとなったら、もうちょっと変わっていたかもしれないと思います。自分たちで勝ち取った感がないのですね。

平井　あの戦争を、自分たちで総括できていないし、自分たちでこの社会をつくりましたという実感も乏しいように思いますね。

いきなりは変わらない

望月　何となくお上の方向にしたがっておくことが一番かというようなものが身についてしまっています。

平井　「この平和を守っていくんだぞ」という意志をもって行動したいですね。

世の中ってなかなかぱっとは変わらない。集団的自衛権の法律が出来た翌日から戦争になるわけではありません。だから「そんなに変わってないやん、私たちの社会」っていう感じなのでしょうか。

時々、「先生、戦争好きなん?」って、子どもらに聞かれるんです。「なんで?」というと、「先生、戦争の授業、めっちゃ力入れてやるもん」と。「戦争は好きじゃない。けど、戦争を知らんと戦争になるよ」といいます。

望月　今何が着々と進められているか、ですね。法の整備と、戦争もしょうがないかと受けいれる空気づくりかもしれませんね。

平井　アジア・太平洋戦争も、いきなり何かが起きたりしたわけじゃなかった。１９２５年に治安維持法ができて、メディアの自由もどんどん奪われた。正しいことを書こうとしたら検閲が入って、検閲を受けなければ新聞を出せない状況になっていく。そんな中で、新聞がすべて政府の広報誌になっていった。

望月　国民は政府がやっていることが正しいと思い込まされていく。そんな中で、戦争を支持していくようになる。今と似ているかもしれませんね。

子どもたちは希望です

平井　日本にとって満州をとることが、国際社会で生き抜いていくことなのだから、みんなで満州をとろうよというムードがつくられていくわけですよね。気づいたら戦争になっていたけれども、戦争は中国で起きているから見えない。自分たちの子ども、兄や父が戦場に行く。はがきが来ても、いっぱい墨が塗られていて、どこで戦っているのかすらわからない。そのうち、戦死公報がやってきたりする。そうこうするうちに、１９４４年あたりから、危ないから疎開やといわれるようになる。ひもじい思いを抱えたりしていく中で、いよいよ空襲が始まる。空襲になって、初めて戦争ってこういうものだとわかったときには遅いですよね。

世の中は、いきなりじゃなくて、徐々に変わっていくんです。いきなり戦争は起きない。こういうふうに社会が窮屈になっていって、言論統制が起きて、戦争に反するような人たちはどんどん捕まっていくんだと、そのことを知ることで、戦争に近づいたときに気づくことができる。

「もし、あんたらが作文を書く時、〝戦争は起きて欲しくない〟なんて書いたらあかん。日本はこれから北朝鮮や中国と戦うかもしれないから、みんな戦争に協力しようね〟と書かないとあかんと学校でいわれるようになったら、危ないってことや」わたしは子どもたちには冗談めかしてそんな話をします。

望月　みんな、何か思っていても、手を挙げて自分の意見をいうことはないですね。ただ、SEALDsの若者が出てきて、若い子も声を挙げなきゃという空気ができてきているように思います。地方には、もう、なんだこの政権という気持ちが蔓延している。国会に対する資料をあれだけ改ざんしていたというのは前代未聞ですしね。いまだに安倍さんを応援している人たちもいますけれども。

平井　自分や、自分の子どもたちが戦争に行くことになっていいのか。それは、想像力と、当事者性の問題ですね。子どもたちには、この2つを身につけてほしいですね。

望月　戦争に行かされる可能性が高いのは、子どもたちですよね。

平井　「安倍さんは行かない、先生も行かないよ、あなたたちだよ」と。そして、そうなったときに、私たちの社会がどうなるかということ。想像力と当事者性が欠如していたら、まんまと乗せられます。

望月　若者に自民党支持が多いとよくいわれます。確かに調査ではそう出るのですが、それはあくまでも求人倍率が上向いているからです。でも、９条改憲や安保法制に関しての質問については、若者たちも６割以上が、９条改正には反対しています。恐らく戦争に行かされるであろう当事者の若者は、もうちょっと深刻に考えている。大人が思うほど、安倍指示イコール９条改憲とは限らない。子どもたちは本当に希望ですね。

自発的対米従属の現状をかえるために、オルタナティブな声をどう発信するか

——軍事・経済・原発・対アジア関係、すべてが変わる

新外交イニシアティブ（ND）代表
猿田佐世
&
望月衣塑子

猿田佐世

望月衣塑子

民主党の「原発0」閣議決定が見送られた時……

望月　猿田さんに会ったらお聞きしたいと思っていたのは、民主党政権だった2012年の9月の閣議の前の話です。それまで「原発ゼロ」の閣議決定を出すといわれていたんですが、いきなりひっこめた。あのあと、日米の政府間のやりとりのいわゆる外交文書を入手しました。

そこには、国家安全保障会議のフローマン補佐官やエネルギー省のポネマン副長官、エネルギー省の原子力担当ライオンズ次官補、知日派といわれるアーミテージ元国務副長官らや、大串博志政務官や前原誠司政策調査会長、長島昭久総理大臣補佐官の名前がありました。やりとりをみると、米側は「もし日本が原発ゼロを目指していくと、日米の安保体制を揺るがしかねない」、「原発ゼロを可能にする社会にコミットしていくことは、意図せざる結果をもたらす恐れがあり、米側は懸念を有している」「米国の原子力産業に悪影響が及ぶ」などの話を繰り返し主張していました。つまり、「アメリカとしては認められませんよ」と。結局、その後、民主党の原発ゼロの閣議決定は見送りということになっていきました。

猿田　アメリカ発の情報に日本は振り回されることが多いですが、その情報がどう生まれてきて、どう日本に伝えられるのか、という実態を見る必要があります。アメリカの空気感やニュアンスが、日本で広まる報道と違っていたりする。このときの話でいえば、「日本の原発ゼロはダメ」とアメリカで言っている人もたしかにいました。けれど、当時民主党政権が予定していた閣議決定は「使用済み核燃料の再処理は続けながら、原発はゼロにする」というもの。アメリカで「原発をやめるのに再処理を続けるってどういうこと?」という声も強かった。つまり「再処理ノー」という声も多かったのです。

再処理が止まれば、原発のゴミの処理方法が論理的にもなくなり、原発を止めざるをえなくて、結果、原発ゼロに一歩近づくことになる。このときメディアが「アメリカが再処理NO」と報道していれば、原発をなくす方向にベクトルが向かっていたかもしれないのに、そうは報道されず、ひたすら日本の報道は「原発ゼロにアメリカが反対」というものだけだったのです。

望月 3・11の大事故の中でも、アメリカの意向ということで民主党の「原発ゼロ」がひっこめられた。そのときにいわゆる米国の国家安全保障会議や国務省、エネルギー省、知日派の人たちが日本政府に「原発ゼロは問題」と発言してきた。彼らは、あくまでもアメリカの国益のために日本の原発技術がなくなることとの懸念、原発ゼロを目的にしようとしながらも、増加している日本のプルトニウムの貯蔵についても心配していました。しかし、猿田さんの本を読んでいると、ほんとうにそこがアメリカ全体の意向なのか、何か突きくずせることがあるんじゃないかという気がしてきます。

猿田 原発産業は経済的にペイせず成り立たないと、アメリカでは多くの人が思っています。

実際、1979年のスリーマイル島原発事故以後、新規に申請し、設立・稼働に至った原発はほとんどありません。もっとも、アメリカは原発をなくそうということでもなく、例えば最新型の原発としてモジュラー型の小型の原子炉を開発しようとしていたりすることも忘れてはいけませんが。

望月　日本の原発ゼロに否定的になりながらも、アメリカ自体は、そもそも新規の原発建設を積極的に進めていこうとはしていません。代替エネルギーと言われる、シェールガスの開発が進むと同時に、いまや原発のリスクがどれくらい大きいかを3・11の東日本大震災で思い知ったからではないでしょうか。

同じ行くなら「民主党政権らしい話」ができる人が、アメリカ政府と話をしに行くべきでした。

猿田　リスクの問題もない訳ではないですが、現実には経済的な理由が大きいです。もちろんリスクを回避するために規制が厳しくなり、その規制を遵守するためにコストがさらにかかるということはあります。

最初の話に戻ると、2012年9月の民主党の「原発ゼロ」閣議決定は、それが通るかどうか、という直前に変えられたわけですね。

日本の民主党政権（当時）がアメリカ政府と話をするのであれば、「民主党政権らしい話」

ができる人が話をしに行くべきですし、その話に少なくとも少しは賛意を示してくれそうな人とアメリカで会うべきなんです。しかし、その時の米国への事前説明には、当時の民主党の中でも自民党とあまり変わらない考えをもつとされる人たちが、アメリカへの働きかけの担当になっていた。民主党は、右から左までの寄せ集めの政党と言われていましたが、アメリカにパイプを持つのは自民党寄りのタカ派と言われる人たちしかいなかったんですね。そういう人たちが、今まで作ってきたパイプを使って、アメリカ政府の人やアーミテージ氏などのタカ派の知日派と会っている。このときは、大使館から説明するとともに日本から3回ぐらい説明に行ったと聞いたようにに思います。

望月　なるほど、確かに、彼らが行っている。そういう構図なんですね。

猿田　日米のパイプの一つが、著名なシンクタンクである戦略国際問題研究所（CSIS：Center for Strategic and International Studies）の所長ジョン・ハムレです。ハムレ氏は濃縮ウランを日本に輸出しているセントラス・エナジーという会社の顧問をやっています。濃縮ウランは原発の原料です。そういう人が日本の原発ゼロに賛成するわけがない。日本のメディアはそういう人の原発推進の声を報じますが、その人が濃縮ウランの会社と関係がある

ことは書かない。

わたしは、年に数回ワシントンに行き、沖縄の基地問題をはじめ様々な問題について米政府や米議会の関係者、あるいは米専門家と意見交換をしていますが、日米原子力協定の満期(2018年7月)を迎える近年はエネルギー問題でもいろいろな人に会い続けてきました。米エネルギー省の人たちは、日本には原発を再稼働してとにかく安定させてほしい。そのかわり、再処理や核燃サイクルなどの問題については「僕たちが関知する問題ではないよね」という立場です。国務省の、その中でも特に核不拡散を担当している部署の人たちは、再処理や核燃サイクルはやめてほしい。そういう意味では、その人の立場によって、日本の原子力政策に対する意見はさまざまです。

望月　会う人たちのバックグラウンドを知らずに会うと、全く日本が意図しているものと逆のものを引き出してしまうということですね。

「アメリカの声」は日米の合作です

猿田　それもそうですが、というより、現在の日米外交を司っている人たちは、そういった相手のバックグラウンドを熟知した上で、自分に都合のよい声だけを日本に広めようと、選択的な外交を行っていると思います。
要するにワシントン発の情報を疑え、と申し上げているわけですが、ここで気をつけなければいけないのは、発信されていることが「完全なウソ」だといっているわけではない、ということ。中には作られた情報もありますが、それはさすがにそこまで多くはない。けれど、どこの誰に、いつ、どう聞くか、ということで日本に流れる情報の内容はかなり変わってくる。日本のメディアがどういうメッセージを日本に流したいと考えるのか、ということに日本社会に流れる情報は大きく左右されます。例えば、国務省の中では今の日本が現時点で再処理を進めることに賛成という人はほぼいないと思う。

望月　そこには、日本の記者たちがマイクを向けない。

猿田　そうです。日本に発信されている「アメリカの声」は日米の合作です。日本政府や日本の一部のメディアと、米国政府や米専門家は多くの場合、持ちつ持たれつの関係にあるということを認識しておくべきです。

望月　それを変えていくには、わたしたちメディアのほうが、猿田さんが指摘する「ワシントン拡声器」だけに特化せず、米国にももっと多様な声があるんだということを拾って報じていくということですね。

猿田　今ご指摘いただいた「ワシントン拡声器」というのは、私が命名《めいめい》した事象のことです。日本政府や自民党の政治家などが、自分のやりたいことを日本で実現するために、ワシントンで何かを発表したり、ワシントンの知日派に何か言ってもらって自分の声をワシントンを使って大きくすることを指します。常套手段になっています。

日本のことは日本のわたしたちが決める

望月　日米間の関係を変えていくには、メディアも問われますし、わたしたち自身が問題をきちんと立て、それを解決するにはどういう取材が必要かを考えていくということが大切ですね。

猿田　わたしからお伝えしたい点が2つあります。

ひとつは、アメリカからくる情報は、料理されてわたしたちのテーブルに載せられているということをわたしたち一人一人が理解するということ。ほかにも声があるかもしれない、とか、だいたいはあっているかもしれないけれどニュアンスがちょっとちがうかもしれない、とか、そういう視点を持つことが重要です。もちろん、メディアには多様な意見を発信していただきたいですが、かつ、その上で、メディアから情報を得るわたしたちの方も様々な角度からその情報を眺める必要があるということです。

もうひとつ、こちらがより重要ですが、「日本のことは日本のわたしたちが決める」ということ。辺野古がいいのか、悪いのか。原発は進めるべきなのか、やめるべきなのか。アメリカの外圧や追い風もあるかもしれないけれど、そういうものをなしにした上で、日本にいるわたしたち個人個人にとって本当にすべき決断は何なのかを、自分たちで考え、答えを出していく、これがもっとも重要です。

ちなみに、ドイツは近年、原発ゼロを決めていますが、その決定前にアメリカに意見伺いをしたかと、最近ドイツの主要政党複数に訊きました。保守から革新までみな、なぜ国内の政策のためにアメリカの意見を聞く必要があるのか、意味がわからない、との答えでした。

望月 日本人の意識の中に、基地はあるからしょうがないねとか、日米地位協定しょうがないね、とか、長らく続いてきた日米安保体制の下で、アメリカの基地の受け入れを前提としている。わたしたちロストジェネレーションといわれる世代より下は、とくにその傾向が強いようにも感じます。

陸上自衛隊のOBに話を聞く機会がありました。話を聞いた多くの方が、憲法改正には積極的でした。

「日本の安全保障のためには、対米従属もしょうがない」、「沖縄に基地は必要だし、沖縄に本土の負担をかけるのもある意味致し方ない選択だ」という風に話される方が多かったです。結果として分かったことは、彼らはモリカケ疑惑、国内の政治問題がどうであろうとあまり関係ない。「とに角、自衛隊のために改憲を進めるために安倍政権を支持する」と話すわけです。

いまは、アメリカからの真の独立を求めるようなかつての右派とはちがう、改憲を目指し、安倍首相のように米国に追随する右派思想が、安倍政権を支持する人たちの底流にあるのを感じます。かつての安保闘争とは全く別の空気感があると。そこのところは、猿田さんから見るとアメリカの呪縛にとらわれていると思いますか？

猿田　先日、鳩山由紀夫元首相をご案内するという立場でアメリカに行きました。ワシントン、ニューヨークなどを回ったのですが、鳩山さんにとって総理退陣後はじめての公式訪米でした。鳩山さんは、沖縄普天間基地を「最低でも県外」に移設すべく追求しましたが実現できず、政権交代後9カ月足らずで早期退陣に追い込まれた。この経験についても語りながら、鳩山さんは、全ての会談相手に沖縄の基地問題について丁寧に説明し、辺野古反対の意思を伝えていました。相手も熱心に話を聞いていました。鳩山さんと一週間ご一緒して、政権当時の話も様々聞きましたが、この当時、日本政府が一丸となってアメリカに辺野古反対の意思を伝えていれば、アメリカも動かざるをえなかったと思います。しかし、官僚との関係はもちろん党内でも、全くまとまりきれなかった。

望月　官僚との関係をつくりながら新たな日米関係をつくっていくということですね。

猿田　アメリカと日本との関係をいいものにし発展させていくことは大変重要なことです。問題は、今の日本にとってはアメリカとの関係が絶対的に過ぎる、というところにあると思います。これを、客観的にアメリカを見ることができるような関係、相対的な関係にしていく必要があります。

日本の中にあるのは、「中国は嫌い、北朝鮮は怖い」、それに対抗するには、「自衛隊は小さくて弱い、だからアメリカに頼らないとだめでしょ」、というものです。鳩山さんが普天間基地移設の問題で頓挫したことによって、逆に日本政府の対米従属路線は強まってしまいました。しかし、鳩山さんは、方法には失敗しましたが、米国との関係を客観化するという理念については間違いではなかったと思います。

今に至っても、「日本はアジアにおいて大国であるから、中国と対峙していくためには、アメリカに頼りながら強い国になる」という日本大国論がずっとあります。アジアの国々より日本がずっと強くて偉くなければいけない。韓国の1人当たりのGDP（国民総生産）が日本と肩を並べたというと、「なに！」とか、「わたしたちのほうが優れた国民だ」という反応になる。そういうものをひっくるめて、日本人の根底に流れる意識を変えていかないとだめじゃないかと。鳩山さんは、「脱　大日本主義」といっていますが。

2012年夏、アーミテージ・ナイ報告書が出ました

望月　実際に現実をみたら、実質GDPだって上がらないし、少子化で人口はどんどん減っていく状況ですしね。右肩上がりの経済発展をしていくということだけにとらわれすぎてはいけないように思います。

猿田　2012年夏にアーミテージ・ナイ報告書が出されましたが、これは、一級国家でいた

いのならこの報告書に従いなさい、二級国家に落ちたくないのならこれに従いなさいというものでした。

アーミテージ氏たちが日本に突きつけている「一級国家」なるものがどういうものかというと、東アジアにおいて、軍事も含めたアメリカの様々な機能の一部を肩代わりしつつ、アメリカの庇護の中で経済大国を目指し、中国と対峙していく、という国です。でも、「そんなに無理して大国にならなくていいよね。平和でみんながハッピーになれる国をめざそう」と大部分の人が思っている、というのが現在の日本の状況だと思います。それに、現実的に見ても、これからさらなる大国を目指そうなんていうのは日本には無理です。

だけど、アーミテージ・ナイ報告書で「一級国家でありたいですか?」と聞かれて、「ありたいです! その報告書読ませてください!」という人たちもいるでしょう。その報告書が出された4カ月後に自民党が政権奪還し、安倍首相が訪米しましたが、ワシントンのCSISの講演で「日本は二級国家にはなりません」とアーミテージ・ナイ報告書の執筆陣を前に宣言しています。

しかし、この態度は、今のアメリカに、まさにしがみつくということです。そういうわたしたち「日本」の気持ちのありようをふくめて、変えていく必要があるだろうと思います。

大国であらねばならないという日本人がどれだけいるんでしょう

望月 戦後72年もの間、日本は憲法9条を柱に、軍事にお金をかけず、民需を中心に発展してきた歴史が続いてきました。島国という特殊性もあり、たいていの日本人が、そんなに軍備を拡大せずに、安全が守られる世の中であれば、それでいいんじゃないかと思っているのではないでしょうか。軍備の拡大はそれだけ、社会福祉や教育などに回せるお金が減ることを意味します。福祉や医療、教育にこそ国はお金をかけるべきではないでしょうか。安倍首相の「強い軍隊を持つ日本国家へ」との思いとの間にずれがあるのではないかとも感じます。安倍首相は、アメリカのいうことに従い、アメリカと共に世界の各紛争地に日本も赴き、国連の安保理のなかで日本の発言力を強めていきたいのだと思います。

猿田 それをふりかざして掲げていないと、国内問題がどんどん吹き出してきてしまう。

望月 確かに外に問題があったほうが、「国内の政治問題にかかずらっている場合ではない」という喚起ができますよね。これまで、森友・加計疑惑、イラク日報問題など疑惑がつぎつぎに出てきていましたから。

猿田 そういう意味では大国主義をかざし続けていったほうが楽なのでしょうね。

望月 森友・加計疑惑、福田淳一前財務省事務次官のセクハラ問題、イラクの日報問題など、官僚からの反乱かともみえる疑惑が噴出し、安倍政権がぐらつきました。２０１８年4月27

日に北朝鮮と韓国は、板門店の「平和の家」で南北首脳会談を11年ぶりに行い、朝鮮半島の非核化、年内の終戦と平和協定の締結を掲げました。非核化の措置について、北朝鮮や中国、韓国側とアメリカの主張が食い違っている部分はあるものの、今後、交渉が続き、東アジアの状況が現在よりはより安定化していくのではないかの期待が出てきました。

猿田　安倍政権が続けてきた対北朝鮮への圧力一辺倒の外交では、今回のような対話にもっていくことはできなかったでしょう。アメリカに追随するだけで、対話の道を選択しなかった日本は、北朝鮮問題について、米国や韓国・中国の蚊帳の外に置かれている状況が続いてきました。

望月　国内では、森友の籠池泰典元理事長がメディアにでてきたことで、「幼稚園で教育勅語を教えているような学園の小学校建設を昭恵夫人が支援するんだ」という安倍首相の教育史観みたいなものが一挙に世の人に広まりました。

猿田　しっかし、ゆらぎはじめてから長いですね。

望月　いやいやいや長いですね（笑）。もう一年以上。まだやってるの？みたいな、国民の飽きも生じているように思います。大阪地検特捜部が38人の財務省職員らの全員不起訴を発表し、その後、米朝首脳会談、ワールドカップでの準々決勝進出が決まると、何故か支持率がまた回復し始めました（苦笑）。

猿田　一年以上前に安倍政権は倒れてもいいはずでした。

安倍政権は、「アメリカについていく」しかない

望月　猿田さんからみて、2017年8月以降、北朝鮮の核・ミサイルの発射問題から、小池百合子都知事が希望の党を打ち立て、出てきて状況が一瞬だけ変わったものの、その後、安保法制を認めるなどの「踏み絵」を示し、党の方針に従えない人達は「排除します」といい、希望の党が一挙に失望の党になっていった経過というのはどうみえましたか。一瞬の出来事でしたが。

対外的な外交・軍事問題が出てくると、北朝鮮を利用するのが当時はもっとも都合が良かったのではないかと思います。南北首脳会談が行われて以降も、日本のいくつかの自治体では、ミサイル発射の避難訓練を行っている所があると聞きました。中国や韓国が対話外交を継続している中で、日本だけがまだ有事の訓練をしていると聞いた時は、なんだか情けないなと思いました。

権力が不安定な時は、ナショナリズムを煽るために、隣国の脅威を繰り返すのが効果的な手段だというのがすごくよくわかりました。国内問題に回帰し自分たちの政治が責めたてられるよりも、外に関心を仕向けていく方が政権にとってはやりやすかったと思います。

猿田　北朝鮮問題が対話方向で進んでいますが、この流れですばらしいのは、なによりも韓国ですね。文在寅大統領のイニシアティブがここまで流れを引っ張ってきています。北にだま

されているという人もいますが、そうではありません。文在寅大統領は、「だまされている」可能性も含めて理解をしながら、確信をもってイニシアティブを取っています。

望月 そうですね。平昌五輪で南北合同チームを作った際は、韓国の選手がレギュラーから外されるなどして、国内では批判を受けていましたが、政治生命を賭けているというのが伝わってきました。少なくとも文在寅大統領は、同胞同士が殺しあうという最悪のシナリオは避けようという強い思いがありました。安倍首相や菅義偉官房長官が会見で、毎度「新たな脅威が…」とか、「アメリカと完全に一致している」とか、「圧力をかけ続けます」としか、言えない状況を間近でみていてすごく不安を感じていました。それを聞いていて危ないな、って思うのですね。アメリカってもっとずる賢いじゃないですか。表で「圧力をかけ続けます」といっても、裏では水面下で交渉している。日本では、それが抜け落ちている。米追従しかやれる道がない、非常に偏っていて、非常に不安です。

猿田 安倍政権の場合は、アメリカについていく、それしかないんですよ。しかし、アメリカと日本の置かれている立場が全く同じだったらそれでいいですけれど、どうみてもちがうわけです。軍事力も、北朝鮮からの物理的な距離も、ミサイルの射程距離にあるかどうかもちがいます。朝鮮半島との歴史も全くちがいます。

日本はアメリカと置かれている立場がちがうのに、政府がアメリカについていくとだけ繰り返しているのが大変に残念です。

アメリカではアジアのことがニュースになることはあまりない

猿田　北朝鮮問題は、今までになくアメリカがアジアに目を向けるきっかけにはなっていると思います。普段、アジアのことがアメリカで大きなニュースになることはあまりないので。例えば、ニューヨークタイムズの1面トップに出るアジアのニュースは本当に少ない。しかし、トランプ氏と金正恩氏の応酬が昨年夏頃からエスカレートしてからは、多くの米国民の頭の中に「北朝鮮問題はどうなるんだろう」といった認識は生まれている。

対話へのシフトが明確になるまで、すなわち2018年2月ころまで、ホワイトハウスの一部の人たちが検討していたと言われていた「限定攻撃論（Bloody nose 作戦）」というものがあります。これは、鼻先だけをコツン、とちょっと攻撃するというものです。つまり、全面戦争をアメリカが仕掛けるというのは考えていないけれど、鼻の先をコツンとやるぐらいだったら、北朝鮮はやり返さないんじゃないか、だからそういう攻撃も可能なんじゃないか、と。

しかし、2月当時、アメリカが北朝鮮への攻撃を本気でやろうとしていたかというと、わたしの知る限り本気での攻撃賛成派はほとんどいなかった。連邦議会議員（日本の国会議員）と面談をすると、共和党も民主党も含めて、「うちの大統領が派手なことを言って迷惑かけてすみませんね」みたいなことを冗談を交えながらいうんですね。民主党の人はほぼ

100パーセントと言ってもいいくらい「I'm sorry…」とトランプさんについて謝っていました。共和党の議員でもトランプさんについて「ちょっと困るよね」という人もいるほどでした。民主党で大統領選の予備選挙で善戦したバーニー・サンダース上院議員とか、サンダース氏の後任として次回大統領選挙の候補者になるであろうと言われているエリザベス・ウォーレン上院議員などにも会いました。彼らは当然北朝鮮への攻撃には強く反対していました。

望月 それは50万人いるとされる在韓米国人のことを考えるからでしょうか。いざという時のためということですか。シリアには、最新鋭の巡航ミサイルを即座に撃ち込むなど、がんがんやっていましたね。実際在韓米国人に犠牲者が出たら、それはトランプ政権が国内で世論に批判され、攻撃されることにつながりますから、それはなるべく避けたい。シリアなどほとんど民間のアメリカ人がいないところとはアメリカの攻撃に対する意識も違うのではないかと思います。

対米従属は仕方ないと思っている人

猿田 それであれば避難させればいいという考え方もあると思います。それよりも、共和党も含めて皆が反対する理由をあえて一つ選ぶとすれば、北朝鮮がアメリカ本土を射程に入れたミサイルを持っているかもしれないという懸念ですね。それに加えて、日本と韓国という

「同盟国」に対する配慮でしょうか。

日本に被害が起きることを考えれば、安倍さんはトランプさんをむしろ止めないといけない立場なのに、なぜ煽ってるのか、とも聞かれました。

望月　米国でタカ派の人たちはどういっていますか？

猿田　共和党の宗教右派で超タカ派の議員とお会いした際、「全ての選択肢をテーブルの上に乗せておかないとだめなんだ」と繰り返すので、「本当に攻撃するんですか？」と3回繰り返して聞きました。最初は、YESと答えていましたが、3回目には、「実際にはやらないが、そう言っておかないとだめなんだ」との答えが返ってきました。

もっとも、そういう言い方をしているうちに世論がそちらに流され、トランプ氏自信も感情的に武力攻撃を始めてしまう可能性があるので恐ろしいのですが。

望月　やっぱり危なっかしいですよね。

思考回路としては、若い人に対米従属論は仕方ないという思いを持っている人が、けっこういるように感じます。

2017年末に行われた日米首脳会談で、トランプ大統領は、結局、何しに日本に来たのか、「アメリカ製の武器をもっと買え。アメリカの雇用は増えるし、日本の安全にとってもそれはプラスだ」と。戦争好きと言われるブッシュ元大統領まで言わなかったような、武器セールスをあからさまに行ったことに衝撃を受けました。安倍首相はこの要請に何というのかなと思ったら、安倍首相は、「最新鋭のステルス戦闘機であるF35も買ってますし、無人偵察機のグローバルフォークも買っています。今後も質的・量的に拡大していきます」と応えていました。「買え！」「買います！」「買え！」「買います！」という、それだけで日米首脳会談が終ったかのような印象を受け、ショックでした。

トランプ大統領が、中国とか韓国に行ったときは、文在寅大統領は、「対話のあるうちは攻撃しないでほしい」と言い、習近平も「対話による解決が大切だ」といっていました。中国、韓国の2国はブレーキになっていて、世界にメッセージを発信している。だけど日本は全く異質な感じがしました。国内の政治の私物化にしても、東アジアでの外交にしても、安倍政権の危うさが一気に露呈していると感じます。

日本のオルタナティブが発信できていない

猿田　残念ですけれど、外交に関しては、日本のオルタナティブはまったく発信できていないんです。それは日本のリベラルや左派のマイナス面です。安倍さんを批判するのは簡単なんですが、ではどうしたらいいかっていうオルタナティブを提示できない。

立憲民主党の初の訪米もお手伝いしました。アメリカではどうしたって「立憲民主党ができました。民主党として政権をとりましたが、その後、党が変わりました。また政権を目指しています」「次に政権をとったら、二度とあのような失敗をしないように今の時点から努力します」と説明することになりますが、さらに、その上で、具体的政策を打ち出していくべきだと思います。立憲民主党に限らずほかの党でもそうですが、安倍さんが今やっている外交政策とはちがうものを目指すなら、それがどんな政策なのかを説明しなければ相手には何を目指しているのかわからない。

望月 それを言葉にしてもっと具体的にアメリカに説明する。

猿田 そうです。日本国内では、反対を大きく掲げることで政治的に大きな意味を持つことも多い。しかし、外交の場面では、別な路線をとるのなら、それがどういうものか言葉にして説明できなければ伝わらない。とくにアーミテージ元国務副長官に代表されるように日本政府とこれまで付き合ってきたアメリカの人々というのは、戦後70年の間、今の外交路線がいいと思ってやってきた人たちです。

望月 日本に関心がある人で、影響力があるといわれている、ジャパンハンドラーは、安倍首相や自民党政権とずっとやってきた人たちが多いわけですね。

猿田 そうです。自民党的な人たちとだけしか、彼らは付き合ってきていないわけです。そういう人たちに説明するためには、日本とはこういう国で、わたしたちが目指す外交政策はこういうものです、とか、全部話していかないと伝わらないんです。

望月 まして、そもそも日本に関心がないアメリカの人たちに説明するのだから。

猿田 そうです。そういうときにわかりやすい言葉で提示できないと、アメリカにとってつきあって意味あるカウンターパートとは思ってもらえません。

たとえば辺野古の基地問題にしても、立憲民主党は「ゼロベースで考えます」と言っています。「あれはやめます」とはいってない。

望月　そう、いってない。

猿田　アメリカの人に向かって「ゼロベースで考えます」って言ったって、伝わらないでしょ。そもそも「辺野古ってなんでしたっけ」、っていう人たちに説明しないといけないんですから。賛成ではない、でも反対かというと「反対とは言い切れもしないんですが」というのでは、「え、それでどうしたいの?」とすぐに聞き直されてしまいます。

望月　それでは、伝わらないんですね。

具体的に沖縄の基地をどうしたいのか、憲法を変えないで日本の安全保障をどうしていくか

猿田　日本のリベラル陣営は、反対する活動はやってきたわけですね。これもすごく重要で、これからも今まで以上にやり続ける必要がある。改憲にしても辺野古の基地建設にしても、それが止めてきた現実は実際とても大きい。しかし、外交においては、それにプラスして、それではどうしたいのか、ということを提案していかない限り、聞く耳を持ってもらえないと思います。

望月　リベラルな運動は、反対路線の具体化、それがアメリカにとってもメリットがあるというような政策を提示していく必要がある。

猿田　リベラルな提案をし、それがアメリカにとってもメリットがあればさらにいいですが、仮にそれがアメリカにメリットがない政策であったとしても、具体的に沖縄の基地をどうしたいのか、憲法を変えないで日本の安全保障政策をどうしていくべきか、それを具体的に論じていくべきだと思います。国内における戦略とワシントンにおける戦略は異なるかも知れませんが、少なくともワシントンで誰かと対話をしたいのであれば、具体的な政策は必ず必要になってきます。

辺野古に基地をつくらない、じゃあ普天間はそのままでいいのか、沖縄に置いておけないならどこに持って行くのか、日本国内に場所がないならではどこに送るんだ、その相手先は受け入れる可能性があるのか、移設しても海兵隊の機能は維持されるのか、縮小なのか、等々の実際の具体的な政策に落とし込んで話をしないといけない。

望月　具体的な話をしないと、外交では相手にしてもらえないんですね。

猿田　もっとも、ひるがえって、国内であっても具体的な話ができなければ、説得力がない場面も多くなっていると思います。とくに今の若い人たちは、メディアの影響もあって、さっきもいったように「北朝鮮は恐い」とか「中国もあぶない」とか思っている中で、「いやいや、アメリカへの従属的な関係ってよくないよね。」と言っても、「じゃ、中国の軍門に下るわけ？」なんて返されちゃったりする訳で、そこは具体的に提案していかないといけない部分でもあると思います。

望月 猿田さんの新外交イニシアティブ（ND：New Diplomacy Initiative）では、日米原子力エネルギープロジェクトとか、辺野古オルタナティブプロジェクトとか、日米外交システムプロジェクトがあって、こうしていきましょうという政策を提案していますね。

猿田 提案しています。それぞれの持ち場におけるリベラルな人たちが、今の政府の政策に問題を感じる場合に、別の政策であればどんなものを採り得るのかという具体案を出していき、それを徹底的に議論し、整理し、まとめていく。その上でメディアや講演会などを通じて広く提案していくとともに、政治家の方々にも個別に説明に周る。実際の政策に少しでも影響を与えられれば、と思っています。リベラルな政党は、自分の党の政策はこれだ、とがっちり言えるようにしていく必要がある。わたしたちが具体的な政策提言を行うのは、経験上、そうしなければ外交の場面では伝わらないという問題意識からです。

望月 それがあって、つぎにつながる。

猿田 そう、いまモリカケ問題にしても全部敵失じゃないですか。それはそれで相手も酷すぎるしいいんですけれど、本来重要なのは、こっちはこういう政策を取るぞ、と提案し、次の選挙で支持を広げていくということですね。それができていない。だからこそ、こんなにひどい与党なのに、選挙で勝っていく。自民党以外に、政権担当能力を備えた魅力ある政党がない、と国民が思ってしまっているのではないかと思います。

望月　まさにリベラルの基軸が必要だと、それがまだ具体的に見えてこないということですね。

アジアとの平和外交はアメリカにうけるのか？

望月　福田赳夫元首相とか、田中角栄元首相もどっちかというとそうだと思うんですが、アジアでの平和外交という鳩山由紀夫元首相も実践しようとしていた発想は、アメリカにプレゼンテーションしたときにアメリカ側に受けるのか、あるいは、「アメリカよりも中国との関係を重視するのか！」、と怒らせることになるのか。アジア寄りになると、鳩山さんも結果としては、アメリカへの追随外交を最重要視する外務官僚にそっぽを向かれた。福田元首相も、田中元首相も結果として失脚に追い込まれていきました。北朝鮮との対話を模索し、小泉電撃訪朝を成し遂げた、田中均外交官は、安倍首相に嫌われて出てこられなくなったと聞きます。アジアとの平和路線をとると、日本を操りたいアメリカ側からつぶされるというようなことがあるのではと感じます。

たとえば鳩山さんが、脱大国主義というような提言をしたときに、アメリカの反応はどうだったのか。ジャパンハンドラーたちからみれば、それはアメリカの国益に沿わないよね、というようになってしまうのではないのか。

猿田　そもそもほとんどのアメリカ人は議員であってもそんなことに関心はない。元総理大臣というからには偉い人なんだから、まあ会っておこうか、なんていう程度です。

望月　元総理大臣が行ってもですか。

猿田　そう。日本のことをよく知っていて、自民党と親しく付き合っている人たちが、これまで日米外交を進めてきた。彼らは、アメリカのアジアにおける重要な同盟国である日本には、経済的にも軍事的にも強力になって中国と対抗してほしい、と思っていますから日本は「一等国」に留まっていてほしいわけですよね。日米関係というのは基本的にはごく限られた一部の人たちの考えにより進んでいく。例えば、米議員は、上下両院あわせて535人いますが、その95パーセントぐらいは日米同盟についてほとんど関心はないと言っていいでしょう。関心があるよ、という人にとってだって、わたしたち日本人にとってのアメリカ、と同じレベルで日本のことを考えている人がいるか。絶対に一人もいない。そういうことなんです。

ですから、日本から彼らに話をしに行くときには、多くの場合、極めて丁寧にゼロから話をしなければなりません。いつも講演で使うネタですが、わたしは、辺野古の基地建設の問題について、米議会下院の外交問題委員会のアジア太平洋小委員会の委員長から「沖縄の人口は2000人ですか」と聞かれた経験があります。沖縄問題を管轄するはずの委員会の委員長のこの話は「米国は日本に関心はない」ということの象徴だと思っています。

望月　大半のアメリカ人にとって辺野古に基地を作るか否かは、大して関心がなく、もはやどこに作ってもいいんですよね。一時、在日米軍基地のグアムへの大規模移転が議論されていましたが、結局、日本の防衛省の意向でグアムへの移転は、小規模なものに留まりました。結局の所、日本の在日米軍基地の問題は、アメリカのジャパン・ハンドラーたちの意向を借りて、日本政府、防衛省、外務省が落ち着きたい所で終わってしまった。鳩山元首相が「最低でも県外」と言った話は根回しがなかったのもあるとは思いますが、完全に無に帰してしまった。

猿田　あれは残念でしたね。当時わたしはワシントンに住んでいましたが、ワシントンから見ていても、他にもう少しやりようがあったと思います。全くアメリカへのパイプもなかった。もっとも、やり方の批判はどれだけだってできるのですが、10年近くたった今、振り返って批判をするならば、将来につながる有意義な批判にしていかなければなりません。全部彼が悪くて、民主党が悪くて、というだけでは意味がありません。1回失敗したのであれば、つぎは失敗しないように学んで工夫していかなければならないと思います。

ネットワークをつくりながら意見を伝えていく、これが外交の本質です

望月　鳩山元首相がやろうとしたことに共鳴できるところはあります。それをいかに、アメリカ追従的な発想で、外交や国防を考えていない人たちに理解してもらえるのか、否か。根回しも含めて、これまでの外交や国防の基軸を変えていくには、一筋縄ではいかない努力が

必要なのだと思います。はっきり言えば、これまでの強大な軍事力を持つアメリカ追従路線に乗っかっているほうが、簡単だし、日本の政治家にとってもやりやすいのだとは思います。それを変えていくのは、民意であり、政治の力ですよね。猿田さんは、翁長雄志沖縄知事の訪米に付きあいましたよね、あのときの反応はどうだったんですか。

猿田　私自身について、翁長知事のアメリカ訪問を企画した人というかたちで広まっていますが、翁長さんの訪米は県庁を含め別の人がやっています。翁長知事と同時に訪米する国会議員の方、あるいは、県議の方、等は担当させていただきましたし、稲嶺進前名護市長も何度もアメリカでご一緒しました。沖縄の状況は今大変厳しいですが、あえて外交面についてだけ申し上げるとしても、もっと良い働きかけ方がいろいろあると思います。多くは言いませんが、伝わる通訳を使いましょう、とか、県のワシントンオフィスには英語を話す駐在員を置きましょう、とか、そんなレベルから、問題点がたくさんあります。

辺野古の基地建設の件で、国務省や国防総省の担当者にも何度もお会いしてきました。ただ彼らは官僚であり、公式の面談の際には、「日米合意でそのように決まっていますから」と繰り返すしかない。

望月　意味はない？

猿田　いえ、働きかける意味はあります。このようにネットワークを作りながら意見を伝えていく、これが沖縄問題に限らず外交の本質です。

昨年7月に沖縄のことでしばらくぶりに集中的に米議会を回り、一気に大変多くの議会関係者との面談を重ねましたが、その際に、多くの議員や補佐官が沖縄のことについてそれなりの知識をつけていたのには大変驚きました。「3カ月くらい前に、沖縄から来た人に会ったよ」等と皆口々に言います。わたしがロビーイングを始めた2009年、鳩山政権発足の年ですが、このときの「沖縄の人口は2000人」発言からすると隔世の感があります。

また、アメリカでは「この問題は東京と沖縄の国内問題でしょう。ワシントンではなく東京に訴えなさい」といわれ、日本では「アメリカが決めたことですから、日本には変えられません」といわれる。アメリカに働きかけると、そんな歪んだ状況が具体的にみえてくるというのも、蛇足かもしれませんがいってみれば一つの成果でしょう。

アーミテージさんが一言、「辺野古じゃなくても、ぼくはいいとおもっているんだよね」と

猿田　そして、日本では、ワシントン発のニュースはとても大きく取り扱われます。それこそアーミテージさんや有力議員が一言、「辺野古じゃなくても、ぼくはいいと思ってるんだよね」というと、日本政府はとっても焦るわけです。費用対効果を考えるとこれってすごく大きい。実際、アーミテージ氏の立場は柔軟ですし、同じアーミテージ・ナイ報告書の共著者であるジョセフ・ナイ氏など、長期的に見れば辺野古は不適切、と言い切っています。

アメリカがくしゃみすれば、日本は風邪どころか、肺炎になってしまうといわれます。

望月 それで日本が変わってくるということですか。

猿田 そういうつもりでやっています。先ほど申し上げたように、最終的には東京の政治が変わらないとどうしようもないのですが、でも、この方法でも、東京を変えるためにがんばっておられる方々の援護射撃ができるんじゃないかと思ってやっています。

望月 日本の外務官僚の意識って、イラク戦争のときに「BOOTS ON THE GROUND」（軍隊を出せ）と、アメリカからずっといわれて、「こんなときに金しか出さないのか」といわれ続けて恥ずかしいと、そういうコンプレックスを、ずっと感じてきたと聞きました。

猿田 コンプレックスは、１９９１年の第一次湾岸戦争の話ですね。30年近く前の話をいつまで言ってるんだ、って感じです。そもそも、あのとき、多くの日本人は人を送らないことについて劣等感を抱いてなんかいなかったと思います。わたしは中学生でしたが、生まれて初めて駅頭の自衛隊派兵反対署名か何かに、勇気を出して自ら声をかけ、署名したのを今でもはっきり思い出します。しかし、わたしの知り合いの外務省の官僚の何人もは、今でも何かあるとその話をプライベートの話の中でも出します。本当にびっくりします。

望月 そういうへんな劣等感のなかに生きている。とにかくアメリカに認めてもらいたい、というのが外務省の本音なのですね。

日本のリベラルな人たちと、たとえばサンダース陣営をむすびつけたい

猿田　アメリカの日本専門家とは誰かということですが、「今の日本の問題といえば、ここでしょ」と語るような、アメリカのある意味の「日本の問題のご意見番」みたいなコミュニティがあるんです。そのコミュニティの存在については、日米外交の関係者の皆の認識が一致していて、日本政府も日本の企業も、そこに資金を投入し、人を送り込み、情報を提供しています。そうして、日米の強力なパイプができあがるのです。

望月　ワシントン拡声器、ジャパンハンドラーといわれている人たちのコミュニティということでしょうか。

猿田　そうですね。物理的な場所でもあるし、人間的なつながりでもあるんですけれど。そういう空気のなかに異論があるんだぞということを届けることが大切です。

望月　そういうところに猿田さんが行って異論を届ける必要があるんですね。だから「そうはいっても辺野古は、普天間にはない燃料桟橋や1万6000平方メートルに及ぶ弾薬搭載エリアなど、新たに米軍の世界戦略のためにこんなにも沖縄県民が負担を背負うことになるんです。まずいでしょう」という沖縄県民の声をもっと届ける必要があります。

猿田　沖縄選出の自民党国会議員であった島尻安伊子さんが内閣府特命担当大臣（沖縄及び北方対策）時代の2015年12月に、ワシントンのシンクタンク「戦略国際問題研究所（CS

IS)」で講演し、「名護市辺野古への移設を早期に行うべきだ」と言いました。これは「沖縄の声」としてワシントンに広まっていく。「沖縄にも辺野古移設を受け入れる大臣がいるんだ」と。これは、外務省や彼女自身を含む日本政府とシンポジウムを引きうけたCSISとの合作ですね。ちなみに、CSISはアーミテージ・ナイ報告書の出版元のシンクタンクです。

だから政府の提供する情報とは異なる情報を伝えて、そのがっちりしたワシントン拡声器である対日政策コミュニティを少しずつ緩やかなものにすると共に、アメリカのなかでも、いままでまったく日本に関心のなかったリベラルな人たちと日本のリベラルの人たちを繋ぎたいと思っています。具体的にわたしが考えているのは、たとえば、サンダース陣営、ざっくりと言えば、2016年の大統領選で米民主党の半分の支持を得た人たちです。

マティス国防長官は、「沖縄にシンパシーを感じているんだが……」といった

猿田　鳩山元首相のこの前の訪米のとき、名前はいえないんですけれどとても著名な人権派の上院議員との会談をしていただきました。鳩山元首相は、いっしょに沖縄の基地について考えてくださいと話した。

環境問題にも関心がある人で、「それはひどい。沖縄の話は生まれてはじめてききましたが、でも何とかしなくては」と。その会談は午後2時ごろでしたが、

「今日午後6時からマティス国防長官に会うから、マティスにわたしから言っておきます。何か資料ある？」といわれたので、新外交イニシアティブで作成した提言書を渡しました。「軍事的にみても抑止力の観点から辺野古の基地はいらない」という報告書です。それを受け取った彼女は、報告書だけだと少し長いので、「今、メモ作って。」と横にいる補佐官にメモを急ぎ作らせていました。

わたしたちは、「ぜひ、マティス長官に、辺野古基地建設反対と伝えてください。お願いします」と部屋を後にしました。

その翌週。たまたま議会の廊下でまた会ったんですよ、その上院議員に。超有名議員ですから、話をするのもドキドキなのですが、勇気を出して、「先週の辺野古の話、マティス長官にお伝えいただけましたか」と話しかけたところ、「もちろん伝えたわよ」との返事。その上、マティスが「ほんとうに重要な問題だから、何とかしたいと思ってるんだよ。沖縄にシンパシーを感じているんだが……」っていったって。

望月　ほんとですか。驚きです。

猿田　そう。マティスは、「だけど、わたしの周りで、そういうことをいっているのは、わたし一人なんだよ」って、〝I am alone〟とマティスがいっていた、と、その上院議員が話してくれました。

望月　すごい話ですね。マティス国防長官がそんな風に沖縄の基地問題を考えてくれているとは。

マティス国防長官が、沖縄の辺野古への基地移転に、「反対」とはいってないけれど、この問題にシンパシーがあるというのは重要な言葉です。

猿田 そう。反対とまではいってないけれど、沖縄にシンパシーがあるって。

望月 I am alone, その場にいたら、見出しになりそうな発言、1面トップですね。

ワシントンの対日政策コミュニティに新しい情報と新しい人間関係を

猿田 いまは「アメリカ」が、一枚岩の一色の「既存の外交」を強烈に推進するもの、としてしか日本には伝わっていない。しかし、議会の責任者が「沖縄は人口2000人ですか」と聞くような国。ほとんどの人は何も知らないんです。

くり返しになりますが、今やらなければいけないことは、二つあります。ワシントンにある対日政策コミュニティに新しい情報を入れなければいけないということ、そして、そのコミュニティを越えて新しい人たちと関係を構築していくということです。マティス国防長官とかサンダース議員とか本当に影響力のある人に少しずつ情報を入れておけば何かが変わっていくかもしれない。

望月 まさに日本に無関心だった人たちも含めて、彼らから日本の基地問題に関する思いを発信してくれれば、それはアメリカの声に弱い日本にとっては、大きな影響力がありますね。

猿田 また、例えば核不拡散の問題について、アメリカでは、プルトニウムの蓄積それ自体が問題だという人がとても多いです。共和党・民主党両方において、です。

望月 プルトニウムの問題は、核開発に結びつくからですね。沖縄問題とはえらい違いですね。

猿田 日本は原発から出たゴミである使用済み核燃料を全量再処理する政策にしており、再処理した結果、現在、核弾頭6000発分に当たるプルトニウム約47トンを保有しています。米議会を回って議員にその話をすると「そんなひどいことになっているの？ あなたのやっていることは素晴らしいから、もっと頑張りなさいよ。協力するから」というように言われることばかりですね。やりやすい活動です。

望月 プルトニウム蓄積の問題はアメリカの理解が得やすい。前にみた外交文書でもアメリカの国家安全保障会議のフローマン補佐官らが「原発ゼロを掲げて、日本のプルトニウム蓄積の問題をどうするつもりだ」と繰り返していました。日本のマス・メディアにしてみれば、プルトニウムを日本が溜め込んでいることにアメリカがそこまで懸念を持っているってことが分かっていないし、あまりニュースでもその話は伝えられていませんね。

猿田 最終的には、まさに原発反対ということにつながる問題ですからね。だからこそ、再処理問題からアプローチするほうが効果的だと思います。再処理がなくなれば、ますますトイレなきマンションになるんですから。

日米原子力協定、実はアメリカでも問題

望月　２０１８年７月に日米原子力協定は期限が来ましたが、今後これをどうやったら崩していけますか。

猿田　７月16日に満期を迎えた日米原子力協定ですが、今後は、いつでも日米いずれかの国から異論を差し挟むことができるようになる。協定の条文上は、両国が何も言わなければ自動延長となると規定されており、どちらかの国が文書で通告すると６カ月後に通告の効力がでることになっている。

自動延長とはなりましたが、いずれにせよ、アメリカ自体は日本にたまっているプルトニウム、そして、再処理工場を稼働してプルトニウムをさらに増やしていこうという試みに対し、ものすごく懸念を持っています。

望月　アメリカの国家安全保障会議や国務省の方々ですね。

猿田　そう、そして、日本にガンガン文句を言っているそうです、保有プルトニウム減らしてくれって。でも北朝鮮や中国との関係がこういうご時世である時に日米関係が揺らいでいるというふうに思わせるのはよくない。

望月　だから表向きは文句をいわない、ということなのですか。

猿田　アメリカに日本の国会議員と一緒に行ったときには「皆さん国会議員なんだから、なん

とか日本の国会で止めてください」と。

望月 オバマ政権の時とトランプ政権の現在ではちがいますか。

猿田 オバマさんの時には、向こうの政権関係者はけっこう声を上げてくれていました。国務次官補が米議会で問題を提起したり、大統領補佐官が日本の新聞にコメントしたりしていました。

やっとここまで来た

望月 あえてトランプ政権では発言させないということですか。

猿田 そう思っていたのですが、なんと、原子力協定満期まであと1カ月という6月になって、米政府が日本政府に対し、「日本が保有するプルトニウムの削減を求めた」と新聞各紙が突如大きく報じたのです。米国の要請を受け、日本でプルトニウム管理を担う原子力委員会は、プルトニウム保有量を減らし現在の水準は超えないとの方針を決める見通しと報じたのです。

このプルトニウム・再処理の問題については、キーは米議会だと思って働きかけを行ってきました。遂に、今年2月15日には、あるアメリカの上院議員が議会で質問してくれました。

核不拡散の視点からいって、日米原子力協定は再交渉しなくていいのかと。

望月 上院議員の発言にまで結びつけたのですね。素晴らしいですね。やっとここまで来た。

猿田 そう。そうしてトランプ政権でも日本政府への働きかけをしていることもわかった。トランプ政権はこの問題に消極的だと、国務省の内部の人にも聞いていましたが、しかし、このように米議会でも質問が出るなどしていたので、今回のアメリカからの日本への要請はそういったプレッシャーが効いた結果だろうと思っています。

そして、ついに今年7月31日、原子力委員会は、プルトニウムを今より増やさず削減する、と新たな方針を決定しました。再処理も、原発で燃料として使用する分に限って認めると。もちろんこれは、再処理を続けるなど、100パーセント満足のいく決定ではない。しかしはじめてプルトニウムの削減を決め、再処理を制限するもので、政策の方向性の転換としては大変大きい。

これまで働きかけてきて本当によかった、と思います。小さな一歩かも知れないけれど、アメリカからの圧力で日本の物事は変わる、ということの証のような気がします。もちろんアメリカからの圧力で変わるなんて、とっても残念な現実ではあるけれど、その現実を使っての意味ある変化の実現だと思います。やっとここまで来たよ、私的にはそういう感じです。もともと、歴史を振り返ってみても、アメリカではこの問題への反対の声が強かった。だからもう1回議会で議論になったらもう議会を通らないかもしれない、という懸念が日米政府にはある。

望月　だから基本的には議会にかけないようにするっていうことですか。

猿田　そうです。今後の獲得目標とすると、外務大臣と向こうの国務長官との共同声明という形で六ケ所再処理工場については一度無期限凍結（モラトリアム）すると。そして、そのモラトリアム期間に国際的な対話のフォーラムを作り、プルトニウムの保有量を日本が減らすための方策を議論する、再処理はやらないという方針を出していく、という感じでしょうか。

望月　可能性があるということですね。自民党の議員だとなかなかやらないから。

猿田　そう、河野さんが外務大臣だっていうのがキモですね。脱原発に向かう土俵を作る一端になればという意識で動いてます。

望月　この問題は、沖縄の基地問題以上にやりやすいっていうことですね。

猿田　そうですね。だから、ここで培った人間関係をそのまま沖縄の問題で活かしたいなあ……と思っているのですが。

怖いと思ったのは、1本の電話です

猿田　わたしから聞いてもいいですか。

望月　どうぞ。

猿田　こういうことをやっていると、いつか刺されたりするから気をつけろよって周りからいわれるじゃないですか。Facebook の書き込みやネット右翼の批判なんかは相手にする必要はないと思います。だけど、実際に、大スキャンダルをでっち上げられて、社会から抹殺されて消えていったりという話も聞きますよね。望月さんは、自分の身辺に気をつけてくださいっていわれたりしませんか？

望月　社会からの抹殺ですか（笑）。いまの所は、そういうことはないです。それは立ち向かっている相手が違うからですよ。猿田さんの場合、相手はアメリカのワシントンコミュニティなるもの、それを揺さぶるのかっていうことですね。

猿田さんが抱えている圧力とわたしの抱えている圧力は質が違って、アメリカのいわゆるジャパンハンドラーなる人たちのいわば聖域を侵されるんじゃないかって、怖さから来るものではないでしょうか。

わたしが身の危険を感じたということではないんですが、怖いと思ったのは、会社への1本の電話です。「会見で質問が制限されているのをわかっておらんのか、殺してやる！」と。

猿田　直接受けたんですか？

望月　いや、夜に警備室が受けたんですけどね。

それで会社からは身の危険を心配し、講演会や取材を暫く受けないようにと言われました。

その頃、検察審査会で準強姦（じゅんごうかん）事件について、不起訴相当が出た、ジャーナリストの伊藤詩織さんへの元記者の性的暴行疑惑について講演会で話しをしていたので、それも制限されることがとても悔しく、一本の脅迫電話で伝えることができなくなる可能性がでて、言論の弾圧に屈したという感じでとても悔しかったです。

猿田　会社から？

望月　そう、愉快犯のように連鎖すると困るということで。当時『産経』が、わたしのことをネット上でガンガン書いてたので、それに触発されたのかと思えるような内容でした。大体バッシングする人たちって『産経』のネット版をよく見ていると聞きます。『朝日新聞』の植村隆さんもＨＡＮＡＤＡの編集長の花田凱旋氏に産経のコラムで「ねつ造」と書かれてから、ネット上などで「ねつ造記者」呼ばわりされることが一気に増え、その後、脅迫や家族のバッシングなどを受けるようになったと聞きました。

その後、脅迫が続かなかったこともあり、会社も徐々に講演などに出ることを許してくれました。

猿田　解禁されたんですね。

望月　助けられたのは日刊『ゲンダイ』でした。ゲンダイさんが「脅迫が来た！」と、このことを取り上げてくれたんです。

猿田　それから脅迫が止まった？

望月　そうなんです、ピタッと止まったんです。だからみんなからいわれたのは出る釘は打たれるけれども、出過ぎる釘は打たれないからって。こういうことが外に出ると、脅迫は許されない行為であり、言論弾圧だ、おかしいじゃないかという声も高まってくれたように思います。

猿田　分かりやすいですよね。

望月　だから脅迫は官邸の差し金では流石にないと思いますが、ネット上では、「官邸の差し金か！」とかね（苦笑）。

猿田　あえて外に出しちゃうっていうことですね。

望月　インターネットニュースを出している、「IWJ」の岩上安身代表が官邸の会見で質問してくれました。「東京新聞の望月さんに脅迫があったということですが、菅さんの普段の質疑のやり取りが、望月さんにだけ差別的でおかしいんじゃないですか」と。

猿田　岩上さん本人が？

望月　そう。そしたら「（脅迫は）あってはならないこと」と菅官房長官がいったようです。言論弾圧の行為は、卑劣です。第三者が問題視し、世論に訴えるということも必要なんだなと思いました。

「北のスパイや！」というバッシングが吹き荒れました

望月　もともとネガティブなネット批判が多いと感じていたんですけれども、ワーッとネットの炎上に火がついたのは、毎年夏に行われる、米韓合同軍事演習に関して質問した時です。

毎年米韓の兵士2万6０００人が集って行うものですが、金正恩委員長の斬首作戦とか、夜間の爆撃訓練などもやっているようで、金委員長側が「訓練はやってもいいが、訓練内容はもっと慎重にしてほしい」と要望しているという話が、アメリカの報道でだされていました。当時、北朝鮮のミサイル発射が続いていたので、日本政府からは「圧力をかけ続ける」という声ばかりが出ていたわけです。

ですから記者会見で「圧力も必要だけれども、一方で米韓側に『訓練内容を少し見直してはどうか』という働きかけをしているんですか」と聞いたら、その日に産経が「東京新聞記者が菅氏にとんでも質問。金委員長の要求に答えろ!?」という見出しの記事が出たんですよ。その瞬間からネット上でバッシングが吹き荒れました。「やっぱりあいつは北朝鮮のスパイや!」と。そこから火がついて面白おかしく書かれていったんです。「北のスパイ」とか「中国からお金をもらっている」とか。周りの友人や親族などから「大丈夫か?」という連絡を沢山受けました。

猿田　そうそう、それって典型ですよね。わたしも週刊文春で、翁長沖縄県知事に喧嘩のやりかたを教える女性弁護士、中国との関係を深めており、活動資金源が不透明、とか、根も葉もないことで叩かれて、電車のつり広告に顔写真入りで大きく載ったことがありました。その時、心配して10年ぶりに電話をかけてきてくれた大学の恩師から、「昔はソ連だった、僕はソ連のスパイだって批判されてきたけど、今の時代は中国だね。典型だから気にしないで」って言われました。その文春の広告は、習近平国家主席の顔写真の上に安倍首相の顔写真、その上にわたしの顔、というなかなかない構図でしたが(笑)。

あからさまないじめでした。なので、ツイッターでつぶやいたんですね

猿田　話せることと話せないことがあるとは思いますが、普段は社という団体の中の1人じゃないですか。本にも、社内外の圧力があったりもすると書かれています。わたしの場合は自分が代表をしている「新外交イニシアティブ（ND）」のみなと助け合って一緒にやってはいるものの、弁護士というのは言ってしまえば自由な一匹狼でやりたいことは自分の判断で何でもやれるし、誰かに怒られるということもない。成功も失敗も全て自分の責任で、やめろといわれることも基本的にはないわけです。会社の制約、そういう難しさというのはありますか？

望月　弁護士さんとお話すると、自分自身で判断して、何事もやっていけるというのはすごく良くてうらやましいです。確かに質問が長くなると政治部とが記者クラブに文句をいわれて、政治部長から社会部長を経由して、こちらに文句が来る、というがちょくちょくありました。ただ会社は、「お前が会見に行けなくなることのほうがきついだろう。うまくやれよ」と言ってもらえました。読者からの「守ってあげてください」、「会見に行かせ続けてあげてください」など反響が大きかったことも影響していると思います。わたしも読者の方や応援してくれている方々に助けられています。「フリーになるんですか」と言われることもあるんですが、全くそのつもりはないです。記者会見に出られるという特権は、現在の日本では

記者クラブに所属している会社の記者だからこそという面がありますので。

猿田　影響力という意味では、組織の中にいたほうが社会に対する影響力を持ちやすいということもあります。ただ、風当たりもあって、中からの風のほうが痛いでしょう。

望月　官邸番の記者たちもモリカケとか今回の改ざんとか、さすがにやっぱりとんでもないと思っているわけです。官邸が報道室長に指示をしたのか、今年の一月以降、わたしには1回しか質問させないという動きがありました。番記者が3問も4問も質問しているときでも私だけ一回なんです。さすがにそれはあからさまないじめだったわけです。

そこで、わたしもいろいろ考えたあげくに、思い切ってツイッターでつぶやいたんですね。「1月以降、1問に制限されている。制限される理由も、官邸報道室は何一つ明らかにしていない」と。そうしたら、3000くらいリツイートがあって、翌日からピタッと報道室長からそういわれることが止まりました。翌日から2問聞けるようになったんです（笑）。

2問ですけど。どうも、「さすがにいじめがあからさますぎる」と内々で誰かがいってくれたのかな（笑）。

猿田　そりゃそうですね。

望月　つぶやくのも大事だなとつくづく思いました。

会社の枠をこえたネットワークで支えあう

猿田　先輩方が築いてくれた脈々とした歴史のおかげですが、弁護士って仲間をつくりやすい土壌にあります。何か問題があったら、ぱっと30人ぐらい集まるんです。何かあればこの人たちは絶対に助けてくれるという安心感のあるコミュニティです。例えば文春に記事が出たとき、翌日には「これは、猿田さんのために名誉棄損訴訟やらないといかん、とすぐに思った。猿田さん、やりますか？」とか、わたしから何も言わないのに何人もに声をかけられました。

社会正義の実現が使命だという意識を持っている弁護士がいて、幸いなことにまだ日本にはそういう弁護士が残っている。

そういう弁護士仲間には、困ったときはすぐ助けを求めて飛び込んでしまうし、何かあればわたしも協力をしたいと思って日々生きている。すごく心強い自分のファンデーション（土台）、なんです。

望月　1人でやっているけれど、そういう安心感に支えられている。

猿田　だからメディアも会社の枠を超えて、必要なときは、一致団結して何かをもぎ取ろうというのができたほうが、いいですよね。

望月　わたしが動けなくなった時、相談したのが精神科医の香山リカさんとか憲法カフェをやっている武井由紀子弁護士でした。

2人に相談したら、とんでもないって。すぐ武井弁護士の仲間の「あすわか」の弁護士の方たちに連絡をとってくれました。ヒューマンライツナウの伊藤和子弁護士や神原元弁護士、太田伊早子弁護士も集まってくれました。

猿田 それが、私たちのような人権問題を取り扱う弁護士にとっては、言ってみれば、ある意味、当たり前なんです。私たち、何かあったら瞬時に集まって、3日ぐらい徹夜すればだいたいのことなら何とかなるって思ってるところがあります（笑）。

望月 心強いですよね。わたしの時も、彼女たちの人脈で会社の枠をこえてやってくれたんです。朝日新聞政治部の南彰記者も忙しい中で入って集まるようになってくれて、どうすれば、産経の嫌がらせをやめさせられるか。

被害届を出すかどうか、ということも話しました。伊藤詩織さんの性的暴行疑惑では、中村格警察庁の総括審議官の判断についても問題ではないかと講演会で伝えていたこともあり、警察には被害届けを出すことをかなり躊躇していました。しかし、武井さんらは、警察は一枚岩じゃないから、現場の刑事さんたちは、話しを聞いて、それはひどいと思う人がぜったいいるから被害届は最低でも出したほうがいいということで被害届けを出したんです。

わたしへの脅迫を受けて集まってくれたメディアの関係者が何人も出てきました。いま記者クラブとしてものをいえない空気もあるなかでジャーナリズムはどうあるべきかを考えているメディアの関係者とつながれていることが気持ちの上でも大きな支えになっています。

官邸のぶら下がり会見も、官邸だけではなく、麻生太郎財務大臣も閣議後の財務省内での会見をやらなくなってきていると聞いています。防衛省や経産省、司法記者クラブなどの状況をみても、安倍政権の中でメディア・コントロールがどんどん進んで質問できる機会が減らされていると感じます。そこに物申す、声を上げ続けるというのは、報道の自由、ジャーナリズムとは何かを考え続けるためにも、メディアに携わる一記者としてやっていかないといけないと思っています。

猿田　ぶら下がり会見ってやってないんですか。

望月　へたに会見やると失言が出てくるということで今は安倍首相のぶら下がりの質疑もかなり減っていると聞いています。民主党時代の２０１１年は年間26回やっていた官邸での首相会見が、２０１７年の安倍政権ではなんと年間４回、20問の質問しか受けていません。小泉純一郎首相時代に、朝夕のぶら下がり質疑がはじまったそうですが、その後、菅直人民主党政権時に起きた３・11の東日本大震災の時に、このぶら下がり会見がなくなりました。もし森友・加計疑惑が噴出した２０１７年2月以降に、過去の毎日の首相へのぶら下がり質疑が認められていたら、安倍首相は、恐らく、現在まで多分、政権を維持することはできなかっただろうといわれます。マス・メディアに所属する記者たちが、質問する機会が減らされているいまの現状に声を出していかなければいけないと思っています。

最初の1年は、保育園に入れませんでした

猿田　望月さんもわたしも、子どもが2人います。子どもを育てながら仕事やるのって、大変ですよね。わたしのところは、2歳と5歳の子どもたちがいます。

望月　猿田さんのパートナーは、お子さんの面倒はみてくれるんですか。

猿田　はい、わたしがワシントンに行っちゃって、2週間ぐらいいなくなることもありますから。普段から夫のほうが家事をたくさん分担してくれていると思います。

下の子どもが生まれた後、すぐ保育園へ申し込んだんですが、最初の1年は入れず、地域の保育ママに頼んだり、夫の両親に面倒を見てもらって何とかやりくりしました。2年目からは入園できました。うちの場合は夫の両親が元気なので、わたしたち家族が近くに引っ越して、子どもの面倒を見てもらっています。

望月　わたしの場合、母は亡くなってしまったのですが、夫方の母が来てくれます。あとはファミリーサポートさんが来てくれますね。とてもいい方で、母がわりみたいにやってくれ、子どももとてもなついてます。人の助けなくしてはやっていけないですね。夫も、以前は単身赴任でしたが、今年から東京勤務になったので、少し気持が軽いですね。

猿田　女性がちゃんと仕事をできるような社会にしていかないとだめだなと思います。この前、報道ステーションに出演した後に、テレビ局の方とみんなで飲みにいったんですね。テレビ局は、夜までずっとやっています。裁量労働制とか長時間労働の制限などを批判している

番組なのに、「実際に長時間労働が制限されたら、実は自分たちは困っちゃうよね」なんて、冗談がでるぐらい。それではいけないんですよね。

子どもの面倒を見るお母さんお父さんが、あんな時間まで仕事ができるかといったら、できない。女性が入っていけない職場です。結果として、若い人たちが子どもをつくる環境ができずに、少子化が進む。これは何とかしないと。

子どもがいると、日々、めちゃめちゃ必死ですよね。夫と手帳を見比べながらスケジュール調節する毎日です。突然、「ちょっと迎え担当代わって、代わって。明日とあさってで本を1冊仕上げなきゃいけないから」と泣きついたりしています。

子どもができてから長時間労働からは解放されました

望月 ただ、困っている時、誰かが必ず助けてくれるんだなという感じはありますね。わたしも、母が亡くなったときは、子育てがきつくなるかなと思ったけれど、周りに手助けしてくれる人がいるから何とかなっている。本当に、1人ではできないですよね。

職場では、子どもがいるママさん記者には、夜の仕事はしなくてもいいよといってくれるようになりました。子どもがいない時は、夜も早朝も取材であらゆる場所に張り付いていましたね。出産して、そういう長時間労働からは解放されて、朝と夜に寝られるようになった（笑）。事件記者のときは夜は全然寝られなかったですね。

猿田　わたしも子どもができてから睡眠時間が延びました。弁護士の仕事は自分で調整できる部分も大きいので、ちょっと一般の会社とは違うのかもしれないですけれども。

社会全体が、より長く働けばより素晴らしいというような風潮はいまだにある。そこが変わっていかないと女性の社会進出は進まないし、結局そのことにより、日本の経済力は落ちていくし、少子化も止まらないという悪循環なのかなと思います。

望月　ゆとりある生活って何なのかなと思いますね。今は、周りの若い男性も、イクメンが増えて、育児に参加したいという人も増えました。本当に裁量労働制をやるのなら、みんなの労働が短時間になって、ちゃんと解放されるようにならないとムリです。ママさん記者だけでなく、男性記者の長時間労働ももっと見直されていかないと、日本のジェンダーの規範が変わっていかないと思います。

猿田　業務量を減らさないとどうしようもないですよね。

「お見合いパーティー」で、男性が相変わらず年収を書く

望月　日本人は真面目に働いてしまいますからね。新聞で、あるスウェーデンの女性が書いた記事を読んだのですが、日本では結婚相手を探すお見合いパーティーの場で、男性が相変わらず年収を書くことに驚いていました。稼ぐ男がいい男だというような価値観が、まだあるのかと。スウェーデンのような国では、それは40～50年前の話で、稼ぐ男はもういらない、

いかに一緒に育児をして生活していけるかということが大事だそうです。

女性は半分います

猿田　スウェーデンは、税制も社会保障も1人1人、個人単位で、家族単位ではない。一人一人が、誰かに頼らなくても生きていけるような制度ができている。だから、夫の収入がないと生活できないのでDVを受けても離婚できない、なんてことはおきない。わたしの父はスウェーデンの研究者で、一時期スウェーデンに住んでいました。困難な状況に陥っても、家族ではなくて、公的な制度に頼れば生きていけるようになっているから、堂々と1人で母にもなれるし、仕事にも就ける。失業してもサポートがある。誰かに頼らなければいきていけない社会ではないですね。結果、一人一人が安心して生きられることで、家族の関係もすごく温かく豊かなものになっている、と父はいいます。

日本では、自分が倒れたら家族の誰に介護してもらうのか、子どもの面倒を見てくれるお母さんがいなくなってしまったらどうしようという感じですよね。スウェーデンではそういう心配もないし、仕事も5時に終わる。誰かに頼らなくても生活が回って、安定した収入がある。学費が全くなくても大学に行くこともできる。リラックスして自分の人生を選べますね。

望月　あくせく感がないわけですね。

猿田　ないですね。

望月　日本って、みんなが追い詰められていますよね。

猿田　わたしも、忙しくしてる人代表みたいな人間ですけど。目指すべき日本はスウェーデンのような社会だという感覚をみんながもっとつけていかないと。

今回、がんばっておられる同世代の望月さんとお話しできて嬉しかったです。望月さんと話をしていると、私たちの世代が日本社会を変える原動力になれるんじゃないかな、そんな気持ちになります。持ち場は違いますが、闘っている相手は同じともいえ、わたしもがんばらなきゃ、と思います。誰もやっていなかったことをやる、というのはとても大変なことだと思いますが、お互いクリエイティブに動き続けながら、時々また意見交換して刺激し合えればとても嬉しいです。

望月　わたしも本では知っていた猿田さんから、等身大でのお話を聞けて励まされました。数の力でいえば女性は半分います。私たちの意識が変わり、「男性だから」「女性だから」という規範にとらわれず、社会が変わっていくことで、あらゆる立場の人々にとって住みやすい、生きやすい世の中にしていきたいですね。

あとがき

２０１７年11月に公表された男女格差の度合いを示す「ジェンダーギャップ指数」で、日本は１４４カ国中１１４位と過去最低を記録しました。政治参画をみると、国会議員では１２９位、閣僚で88位、経済参画は１１４位、勤労所得で１００位、幹部・管理職で１１６位、高等教育の在学率は１０１位。どこをとっても格差が是正されていない日本の状況がわかります。安倍政権がどんなに「好景気」をうたっても、男女格差は改善していません。

こんな状況下で自分に何ができるか――。そう思っていた時にちょうど編集者の羽田ゆみ子さん、山田和秋さんから声がかかり、対談企画が実現しました。

私が「ぜひに」と希望したジャーナリストの伊藤詩織さん、政治学者の三浦まりさん、公立中学校社会科教諭の平井美津子さん、新外交戦略「新外交イニシアティブ」の猿田佐世さんと、木造りの暖かさにあふれる梨の木舎のカフェでじっくり、ゆっくり話しをさせていただきました。

詩織さんは、２０１５年４月に元ＴＢＳのワシントン支局長の記者から「性的暴行を受けた」と告訴し、刑事事件では不起訴となりましたが、17年5月に「検察の不起訴判断は不当だ」と、大勢のマスコミの前で顔を出しての記者会見を行いました。彼女の勇気ある告発は、私が菅義偉官房長官の会見で質問をぶつけようとしたときの大きな契機になりました。その後、詩織さんの勇気に触発されたブロガーの「はあちゅう」さんが、電通時代の元上司から受けたパワハラとセクハラを、テレビ朝日の女性記者が福田淳一前財務省事務次官から受けたセクハラについて、それぞれ被害を告発しました。

詩織さんの事件は、日本のマスメディアは大きく報道しませんでしたが、ＢＢＣやニューヨークタイムズなどの海外の主要メディアが大きく取り上げ、既得権益化している日本の記者クラブ制度の弊害を浮き彫りにしました。詩織さんは、その後、オーストラリアや南アフリカ、イギリスやスウェーデンなど世界各国を飛び回りながら、性犯罪や性教育の在り方について取材し、議論を重ねていました。詩織さんが、被害者の側だけでなく、加害者にも目を向け、取材を続け、さらに自分自身を成長させようとしている姿にも驚かされました。

三浦まりさんとの対談では、政治の世界に女性を増やしていくことが、多様性のある社会の実現につながるということを、改めて考えさせられました。

1991年、金学順さんの証言によって日本軍「慰安婦」問題が表面化し、93年には河野談話によって謝罪が行われました。99年に男女共同参画社会基本法が施行されましたが、ジェンダー平等を求める声も攻撃にさらされ、その動きは停滞しました。結果として、基本法から20年が経とうとしているいまでも、女性の総合職は9％、女性の政治家も1割に留まっています。

まりさんによると、政治の世界、とくに地方議会では、声が大きく弁が立つような人より、介護や待機児童問題など、その地域に根差す問題、その地域で苦しんでいる弱者の声に耳を傾け、解決の道を探っていけるタイプの人が向いているのだそうです。そう考えると、政治家に向いている女性は数多くいるのではないかと思います。

平井美津子さんは、現在も子どもたちに慰安婦問題などの歴史を教え続けています。著書『「慰安婦」問題を子どもにどう教えるか』（高文研）を読み、「こんなに肝の据わった教師がいるとは！」と感動した私がぜひ、お話を聞きしたいとお願いしました。

「慰安婦のように性を蹂躙された女性たちを子どもに教えることで、戦争の実相を伝えることができるのではないか」との思いから、積極的に教育の中で慰安婦問題を取り上げるようになった美津子さん。在特会などからのあからさまな誹謗中傷にも全く怯みません。美津子さんは韓国の「ナヌムの家」に赴き、そこで元慰安婦と語り合うことで、闘う勇気をもらったそうです。また、彼女の教えを受けた子どもたちが、いまの憲法や防衛問題をわが事として受け止め、自分の頭で考えはじめているという事実に希望の光を見る思いがしました。

そして、シンクタンク「新外交イニシアティブ」を立ち上げ、精力的に日米間のコーディネートで飛び回る猿田佐世さんのお話を聞き、現在の日本の状況を少しでも変えていくための新たな攻め方と視点、交渉術を磨いていくことの必要性を感じました。日本の政府や一部の政治家たちが、ワシントンの一部の知日派を「拡声器」として利用している現実。「ワシントン発」で流されている情報やニュースには、ある一定の意図や背景があり、日本のマスメディアの多くが、「拡声器」の声をそのまま受け止め、広めている恐れがあることがわかりました。市民の私たちが、日々意識して情報をくみ取り、分析していく必要があります。

辺野古の基地移転問題や原発問題はアメリカでなく日本の問題です。日本にとって何がベターなのか。トランプ大統領のトップセールスを受けた日本で、高額な武器購入が進んでいる現状をみると、対米従属一辺倒の道だけを続けることは、日本にとってマイナスなのではないか——。佐世さんとの話で、改めてその思いを強くしました。ではそれ以外の基軸を、どう打ち立てられるのか。日本の安全保障やエネルギー問題は、政治家任せにするだけでなく、私たち市民一人一人が自分の頭で考えなければいけないと感じます。

日本を代表する様々な立場の女性4人との議論は、私にとって有意義でかつ心の安らぐひとときでした。語り合い、声を挙げ、行動していくことで、社会や政治の流れが少しずつ変わり、多様な生き方や価値観を認める、優しい日本になっていくことを強く願います。

最後に、この機会をつくっていただいた編集者の羽田ゆみ子さん、山田和秋さん、編集協力の梅山美智子さん、対談の場に何度も足を運んでくださった松岡ちかよさん、写真家の大宮浩平さんに心から感謝を申し上げます。

2018年8月

望月衣塑子

三浦まり　みうら まり

1967年、東京生まれ。慶應義塾大学法学部卒、カリフォルニア大学バークレー校にてPh.D（政治学）取得。東京大学社会科学研究所機関研究員を経て、2010年より上智大学法学部教授。専門はジェンダーと政治、現代日本政治論、福祉国家論。著書に『私たちの声を議会へ：代表制民主主義の再生』（岩波書店）『日本の女性議員：どうすれば増えるのか』（編著 朝日選書）、『社会への投資＜個人＞を支える＜つながり＞を築く』（編著 岩波書店）などがある。女性議員を増やすための若手女性の政治リーダー・トレーニングを提供する一般社団法人パリテ・アカデミーの共同創設者・代表理事。

平井美津子　ひらい みつこ

1960年、大阪市生まれ。立命館大学文学部卒業後、大阪府公立中学校の教師となる。歴史教育者協議会会員、子どもと教科書大阪ネット21事務局長、立命館大学・大阪大学非常勤講師。アジア太平洋戦争下における日本軍「慰安婦」、沖縄戦を研究している。著書に、『教育勅語と道徳教育　なぜ、今なのか』（日本機関紙出版センター）、『原爆孤児「しあわせのうた」が聞こえる』（新日本出版社）、『シリーズ戦争孤児③沖縄の戦争孤児』（汐文社）、『「慰安婦」問題を子どもにどう教えるか』（高文研）、『サンフランシスコの少女像　尊厳ある未来を見つめて』（日本機関紙出版センター）などがある。

猿田佐世　さるた さよ

1977年生まれ、シンクタンク「新外交イニシアティブ（ND）」代表・弁護士（日本・ニューヨーク州）。早稲田大学法学部卒業後、NGO活動などを経て2002年日本にて弁護士登録。2009年米国ニューヨーク州弁護士登録。アムネスティ・インターナショナル、ヒューマン・ライツ・ウォッチなどの国際人権団体等で活動。現在は、沖縄基地問題、原発、安全保障などの外交・政治問題について米政府や議会に政策提言を行う。日米外交を研究課題とし、日米外交の「システム」や「意思決定過程」に特に焦点を当てている。著書に『新しい日米外交を切り拓く』（集英社）『自発的対米従属 知られざる「ワシントン拡声器」』（角川新書）などがある。

プロフィール

望月衣塑子　もちづき いそこ

1975年、東京都生まれ。東京新聞社会部記者。慶応義塾大学法学部卒業後、東京・中日新聞に入社。関東の県警、東京地検特捜部などの事件記者を経て、東京地裁・高裁での裁判を担当し、経済部記者、社会部記者として、防衛省の武器輸出、軍学共同などをテーマにした取材を行う。2017年4月以降は、森友・加計学園問題の取材に尽力し、官房長官会見での質問を行っている。著書に『武器輸出と日本企業』（角川新書）、『武器輸出大国ニッポンでいいのか』（あけび書房 共著）、『新聞記者』（角川新書）など。近著に『THE 独裁者』（KKベストセラーズ）、『追及力 権力の暴走を食い止める』（光文社）、『権力と新聞の大問題』（集英社）。2017年、平和・協同ジャーナリスト基金賞奨励賞を受賞。

伊藤詩織　いとう しおり

1989年生まれ。ジャーナリスト。「アルジャジーラ」「エコノミスト」「ロイター」などの映像ニュースやドキュメンタリーなどの制作を行う。2017年、Chanel News Asiaで放映された孤独死をテーマにしたドキュメンタリー「LONELY DEATHS」監督を担当し、NEW YORK FESTIVAL WORLD'S BEST TV & FILMSのファイナリストに選ばれる。2017年10月、自身の性被害体験について綴った『ブラックボックス』（文藝春秋）発行。2018年6月放映の英BBCによる日本の性暴力の現状に関するドキュメンタリーでは、当事者、ジャーナリストとしてリポーターを務めた。

しゃべり尽くそう！私たちの新フェミニズム

2018年9月10日　初版発行

著　　書：望月衣塑子・伊藤詩織・三浦まり・平井美津子・猿田佐世
装　　丁：宮部浩司
写真撮影：大宮浩平
企　　画：山田和秋　編集協力：梅山美智子
発 行 者：羽田ゆみ子
発 行 所：梨の木舎
〒101-0061
東京都千代田区神田三崎町2-2-12 エコービル1階
TEL 03(6256)9517
Fax 03(6256)9518
eメール　info@nashinoki-sha.com
D T P：具羅夢
印 刷 所：株式会社 厚徳社

愛する、愛される【増補版】
――デートDVをなくす・若者のためのレッスン7

山口のり子・アウェアDV行動変革プログラムファシリテーター 著
A5判／128頁／定価1200円＋税

◉目次　1章 デートDVってなに?／2章 DVは力と支配／3章 もしあなたが暴力をふるっていたら?／4章 もしあなたが暴力をふるわれていたら?／5章 女らしさ・男らしさのしばりから自由に／6章 恋愛幻想【増補】今どきの若者たちとデートDV

愛されていると思い込み、暴力から逃げ出せなかった――
◆愛する、愛されるって、ほんとうはどういうこと？

978-4-8166-1701-0

愛を言い訳にする人たち
――DV加害男性700人の告白

山口のり子 著
A5判/192頁／定価1900円＋税

◉目次 1章 DVってなんだろう?／2章 DVは相手の人生を搾取する／3章 DV加害者と教育プログラム／4章 DV加害者は変わらなければならない／5章 社会がDV加害者を生み出す／6章 DVのない社会を目指して

◆加害者ってどんな人?　なぜDVするの?　加害男性の教育プログラム実践13年の経験から著者は言う、「DVに関係のない人はいないんです」

978-4-8166-1603-3

子どものグリーフを支えるワークブック
――場づくりに向けて

NPO法人子どもグリーフサポートステーション 編著　高橋聡美 監修
B5判／110頁／定価1800円＋税

このワークブックは子どものグリーフプログラムの実施に向けて、実践者養成のために作成されたものです。ワークブックを通して、大切な人を亡くした子どもたちのことやあなた自身のグリーフの理解を深め、それぞれのグリーフに優しい生き方を探してみましょう。

◉目次　1. 子どもにとっての死別体験／2. ファシリテーションというよりそい方／3. ファシリテーションを支えるスキル／4. グリーフプログラムの実践／5. スタッフのケア／6. グリーフプログラムにおけるディレクターの役割

978-4-8166-1305-0

梨の木舎の本

傷ついたあなたへ

――わたしがわたしを大切にするということ　　5刷

NPO 法人・レジリエンス 著

A5判/104頁／定価1500円＋税

◆ＤＶは、パートナーからの「力」と「支配」です。誰にも話せずひとりで苦しみ、無気力になっている人が、ＤＶやトラウマとむきあい、のりこえていくには困難が伴います。

◆本書は、「わたし」に起きたことに向きあい、「わたし」を大切にして生きていくためのサポートをするものです。

978-4-8166-0505-5

傷ついたあなたへ 2

――わたしがわたしを幸せにするということ　　2刷

NPO 法人・レジリエンス 著

A5判／ 85頁／定価1500円＋税

ロングセラー『傷ついたあなたへ』の２冊目です。Ｂさん（加害者）についてや、回復の途中で気をつけておきたいことをとりあげました。◆あなたはこんなことに困っていませんか？　悲しくて涙がとまらない。どうしても自分が悪いと思ってしまう。明るい未来を創造できない。この大きな傷つきをどう抱えていったらいいのだろう。

978-4-8166-1003-5

マイ・レジリエンス

――トラウマとともに生きる

中島幸子 著

四六判／ 298頁／定価2000円＋税

DV をうけて深く傷ついた人が、心の傷に気づき、向き合い、傷を癒し、自分自身を取り戻していくには長い時間が必要です。４年半に及ぶ暴力を体験し、加害者から離れた後の 25 年間、PTSD（心的外傷後ストレス障害）に苦しみながらうつとどう向き合ってきたか。著者自身のマイレジリエンスです。

978-4-8166-1302-9

教科書に書かれなかった戦争

㉟2015年安保、総がかり行動

——大勢の市民、学生もママたちも学者も街に出た

著者：高田　健

A5判／ 186頁／定価1800円＋税

◉目次　1章 暴走を始めた安倍政権/ 2章 2014年6月30日、官邸前に人びとは集まり始めた/ 3章 2015年安保闘争の特徴/ 4章 同円多心の共同をつくる/ 5章　市民連合の誕生/ 6章 016年参院選は希望のある敗北だった/ 7章 これから——野党＋市民の共闘、この道しかない

「ゆくのは、わたしら」若者たちも街に出た。いま歴史を動かしているのは、改憲の政治勢力だけではない、戦争する国への道に反対する広範な市民の運動がある。

978-4-8166-1702-7

㊱歴史を学び、今を考える ——戦争そして戦後

内海愛子・加藤陽子 著

A5判／ 160頁／定価1500円＋税

◉目次　1部　歴史を学び、今を考える／それでも日本人は「戦争」を選ぶのか? 加藤陽子／日本の戦後—少数者の視点から　内海愛子／ 2部　質問にこたえて／●「国家は想像を越える形で国民に迫ってくる場合があります」加藤陽子／　「戦争も歴史も身近な出来事から考えていくことで社会の仕組みが見えてきます」内海愛子●大きな揺れの時代に、いま私たちは生きている。いったいどこに向かって進んでいるのか。被害と加害、協力と抵抗の歴史を振り返りながら、キーパーソンのお二人が語る。●時代を読みとるための巻末資料を豊富につけた。特に「賠償一覧年表　戸籍・国籍の歴史……人民の国民化」は実にユニークです。

978-4-8166-1703-4

㊳過去から学び、現在に橋をかける

——日朝をつなぐ35人、歴史家・作家・アーティスト

朴日粉 著

A5判／ 194頁／定価1800円＋税

「いま発言しないで、いつ発言するのか」——辺見庸
斎藤美奈子・三浦綾子・岡部伊都子・吉武輝子・松井やより・平山郁夫・上田正昭・斎藤忠・網野義彦・江上波夫・大塚初重・石川逸子・多田富雄・若桑みどり・丸木俊・海老名香葉子・清水澄子・安江良介・黒田清・石川文洋・岩橋崇至・小田実・中塚明・山田昭次・三國連太郎・久野忠治・宇都宮徳馬・山田洋次・高橋良蔵・辻井喬・渡辺淳一

978-4-8166-1802-4